高等学校"十一五"规划教材

公共基础类

体育与健康教程（第2版）

TIYU YU JIANKANG JIAOCHENG

徐林川 主编

北京师范大学出版集团
BEIJING NORMAL UNIVERSITY PUBLISHING GROUP
安徽大学出版社

图书在版编目(CIP)数据

体育与健康教程/徐林川主编.—2版.—合肥:安徽大学出版社,2014.7(2016.6重印)
高等学校"十一五"规划教材
ISBN 978-7-5664-0797-9

Ⅰ.①体… Ⅱ.①徐… Ⅲ.①体育－高等学校－教材 ②健康教育－高等学校－教材
Ⅳ.①G807.4

中国版本图书馆 CIP 数据核字(2014)第 145092 号

体育与健康教程(第2版)
Tiyu yu Jiankang Jiaocheng

徐林川　主编

出版发行:	北京师范大学出版集团
	安徽大学出版社
	(安徽省合肥市肥西路3号 邮编 230039)
	www.bnupg.com.cn
	www.ahupress.com.cn
印　　刷:	安徽昶颉包装印务有限责任公司
经　　销:	全国新华书店
开　　本:	184mm×260mm
印　　张:	16
字　　数:	326 千字
版　　次:	2014 年 7 月第 2 版
印　　次:	2016 年 6 月第 3 次印刷
定　　价:	29.00 元
ISBN 978-7-5664-0797-9	

策划编辑:朱丽琴　马晓波	装帧设计:张同龙　李　军
责任编辑:马晓波　李元琼	美术编辑:李　军
责任校对:程中业	责任印制:陈　如

版权所有　侵权必究

反盗版、侵权举报电话:0551－65106311
外埠邮购电话:0551－65107716
本书如有印装质量问题,请与印制管理部联系调换。
印制管理部电话:0551－65106311

编委会

（排名不分先后，以姓氏笔画为序）

主　编　徐林川

主　审　束路西

副主编　吕　明　　刘　斌　　戴　剑

编　委　刁智敏　　王洪彬　　王学平　　叶江平
　　　　　孙财元　　吕　明　　许兴旺　　刘　斌
　　　　　伍　平　　邢明明　　李章芳　　江有宏
　　　　　陈功立　　沈　俊　　束路西　　张　红
　　　　　周长根　　周　非　　赵　勇　　胡晓红
　　　　　胡　敏　　姚　曦　　高全忠　　徐林川
　　　　　徐　韵　　梁冬梅　　戴　剑

第2版前言

近些年,随着我国就业形势的突飞猛进,职业教育得到快速的发展,本教材就是在这种新形势下组织高职学校骨干教师,根据体育教学改革的实践经验编写的。2014年我们又组织有关教师、专家、学者,结合我国高职体育课程改革研究实践,牢牢把握健康第一、以人为本的指导思想,对本教材进行了进一步的修订与完善。

为了使教材更科学、实用,可操作性更强,我们对其架构进行了微调,对内容进行了精简,改正了若干排版错误。主要体现以下特点:

1. 以促进学生身体、心理整体健康水平的提高为目标,构建了技能、认知等领域并行推进的课程结构,融合了体育、生理、心理、卫生保健等诸多学科领域的有关知识,真正关注学生的健康意识、锻炼习惯和卫生习惯的养成,将增进学生健康贯穿于课程实施的全过程,确保"健康第一"的思想落到实处,使学生健康成长。

2. 本教材在课程设计的各个环节,始终把学生主动、全面的发展放在中心地位。在注意发挥教学活动中教师主导作用的同时,特别强调学生学习主体地位的体现,以充分发挥学生的学习积极性和学习潜能,提高学生的体育学习能力。

全书的修订工作由安徽机电职业技术学院徐林川负责,束路西主审。参加修订的有:安徽职业技术学院许兴旺,马鞍山职业技术学院胡晓红,安徽国际商务职业学院高全忠,安徽机电职业技术学院吕明、周长根、姚曦,安徽交通职业技术学院李章芳,黄山职业技术学院江有宏,芜湖师范专科学校胡敏,巢湖职业技术学院孙财元,安徽中医药高等专科学校刁智敏,安庆医药高等专科学校周非、梁冬梅、徐韵,铜陵职业技术学院叶江平,安徽冶金科技职业学院伍平,安徽国防科技职业学院陈功立,池州职业技术学院王洪彬,宣城职业技术学院赵勇,安徽人口职业学院刘斌、张红,马鞍山师范高等专科学校戴剑、邢明明。

教材中还有许多不足之处,恳请有关专家、读者和教学同仁多提宝贵意见,以便积累经验,为今后的进一步完善奠定基础。

教材编写组

2014 年 6 月

第1版前言

《中共中央国务院关于深化教育改革全面推进素质教育的决定》指出:"健康体魄是青少年为祖国和人民服务的基本前提,是中华民族旺盛生命力的体现。"近几年来,我国职业教育得到快速的发展。本教材就是在这种新形势下组织有关高职学校骨干教师根据体育教学改革的实践经验编写的。

1.本教材首先确定"健康第一"是学校体育教育的既定目标,提出"每天锻炼1小时,健康工作50年,幸福生活一辈子"的口号。

2.本教材从实际出发,推行学校体育课程改革,努力实现以学生为本的"自主选择教师,自主选择项目,自主选择上课时间",倡导营造师生之间、学生与学生之间生动、活泼、主动的教学氛围并逐步完善职业教育体育教学的评价体系。

3.本教材将体育基础知识、健康和保健知识教育系统化,并将发展学生各种运动能力、锻炼身体的方法、休闲体育等内容融为一体,紧紧围绕"体育与健康"的主题,使学生树立自我锻炼和增强健康的意识,把"体育与健康"教育作为自己终身学习和生活的重要内容之一。这对加强学生思想品德修养和健全人格,发展个性,培养创新意识和养成终身锻炼的习惯都有十分重要的作用。

4.本教材不仅是学生"体育与健康"的课本,而且是学生课外体育锻炼手册,书中有丰富的体育基础知识:锻炼身体的方法、健康保健知识等,具有很强的指导性。可谓一册在手,终身受益。

5.本教材"基础知识篇"、"发展运动能力篇"是按课时编写的,教师可根据学期教学进度按教材内容和课时要求相互搭配,撰写学期授课计划。与此同时,我们还根据直观性教学的特点,绘制了大量的运动图解,图文并茂,通俗易懂,学生可自行阅读,对照练习,提高自身锻炼的能力。

本教材已被安徽省教育厅教秘高[2007]65号文发文列为安徽省高等学校"十一五"省级规划教材。

全书由安徽机电职业技术学院束路西主编,董树元主审。参加编写的有:安徽机电职业技术学院陈梅、周长根、徐林川,巢湖职业技术学院孙财元,安徽中医药高等专科学校刁智敏,安庆医药高等专科学校周非、梁冬梅,铜陵职业技术学院叶江平,安徽冶金科技职业学院伍平,安徽国防科技职业学院聂自焌,池州职业技术学院王洪彬,宣城职业技术学院赵勇,亳州职业技术学院陈靖宇,安徽审计学院陈诚,芜湖卫校刘祥静,安徽省计划生育学校张红,马鞍山师范高等专科学校戴剑、邢明明。

本教材依据教育部新近颁发的全国高等院校体育与健康课程指导纲要进行编写,并得到有关高职学校领导的关心和支持,同时受到有关专家的指导和帮助,在此一并表示感谢。教材中还有许多不足之处,恳请有关专家、读者和教学同仁多提宝贵意见,以便积累经验,为今后的修改奠定基础。

高职高专体育教材编写组

2006 年 8 月

目 录

上篇　基础知识篇

第一章　体育基本知识
　□　学习目标 …………………………………………………………………… 1
　第一节　高职学校体育教学的目的和任务 ……………………………………… 1
　第二节　科学运动与健身 ………………………………………………………… 3
　第三节　如何组织小型体育竞赛 ……………………………………………… 11
　□　思考题 …………………………………………………………………… 15

第二章　人体健康知识
　□　学习目标 …………………………………………………………………… 16
　第一节　人体与健康 …………………………………………………………… 16
　第二节　自然力锻炼 …………………………………………………………… 19
　第三节　吸烟、酗酒对人体健康的影响 ……………………………………… 22
　第四节　体格检查 ……………………………………………………………… 25
　第五节　学生体质健康标准 …………………………………………………… 29
　□　思考题 …………………………………………………………………… 36

第三章　运动与保健知识
　□　学习目标 …………………………………………………………………… 37
　第一节　运动保健与按摩 ……………………………………………………… 37
　第二节　体育运动中的医务监督及运动处方 ………………………………… 41
　第三节　常见运动损伤的处理方法 …………………………………………… 46

　　□ 思考题 ··· 49

中篇　发展运动能力篇

第四章　基本运动能力
　　□ 学习目标 ··· 50
　　第一节　快速跑 ··· 50
　　第二节　耐久力跑、越野跑 ··· 58
　　第三节　障碍跑 ··· 60
　　第四节　跳跃练习 ·· 65
　　第五节　投掷铅球 ·· 80
　　第六节　体操 ·· 89
　　□ 思考题 ··· 100

第五章　球类运动
　　□ 学习目标 ··· 101
　　第一节　篮球运动 ·· 101
　　第二节　排球运动 ·· 130
　　第三节　足球运动 ·· 140
　　第四节　乒乓球运动 ··· 149
　　第五节　羽毛球运动 ··· 155
　　第六节　网球运动 ·· 160
　　□ 思考题 ··· 161

第六章　游泳与救护
　　□ 学习目标 ··· 162
　　第一节　熟悉水性 ·· 162
　　第二节　蛙泳 ·· 164
　　第三节　水中救护 ·· 170
　　第四节　岸上急救 ·· 172
　　□ 思考题 ··· 173

第七章　武术运动

　　□　学习目标 …………………………………………………………… 174
　　第一节　武术运动的基本动作 ……………………………………… 174
　　第二节　二十四式简化太极拳 ……………………………………… 181
　　第三节　初级长拳第一路 …………………………………………… 192
　　第四节　防身自卫术 ………………………………………………… 203
　　□　思考题 ……………………………………………………………… 206

第八章　健美操与体育舞蹈

　　□　学习目标 …………………………………………………………… 207
　　第一节　健美操 ……………………………………………………… 207
　　第二节　体育舞蹈 …………………………………………………… 215
　　□　思考题 ……………………………………………………………… 221

下篇　休闲体育篇

第九章　休闲体育

　　□　学习目标 …………………………………………………………… 222
　　第一节　保龄球 ……………………………………………………… 222
　　第二节　台球运动 …………………………………………………… 223
　　第三节　高尔夫球运动 ……………………………………………… 223
　　第四节　棋类运动 …………………………………………………… 224
　　第五节　定向运动 …………………………………………………… 230
　　□　思考题 ……………………………………………………………… 232

附　录 ……………………………………………………………………… 233

上篇　基础知识篇

第一章　体育基本知识

□**学习目标**

> 1. 掌握高职学校体育教学的目的和任务。
> 2. 树立"健康第一"的指导思想，养成终身锻炼的习惯。
> 3. 了解体育锻炼的原则和方法。

第一节　高职学校体育教学的目的和任务

一、确定职业教育体育教学目的和任务的依据

职业教育体育教学的目的和任务要依据国家的教育方针确定。我国"面向现代化、面向未来、面向世界"的教育方针，要求学生在德育、智育、体育、美育等方面都得到全面的发展，成为有理想、有道德、有文化、有纪律的时代新人。体育可以强身健体，增强体质；可以育智，促进智力的发展；可以育德，修身养性；还可以育美，提高审美意识。体育与德育、智育、美育等密切配合，有利于培养我国现代化建设所需要的各类专业技术人才。《学校体育工作条例》等有关教育法规，明确了学校体育的专门要求。职业学校是为国家培养高素质技能人才的重要基地，因此就要充分地认识学校体育的重要意义，牢固树立"健康第一"的指导思想，大力宣传"每天锻炼1小时，健康工作50年，幸福生活一辈子"这一有时代特征的口号，不断增强广大青少年学生的体育意识，激励他们积极参加体育锻炼。

《职业教育法》第三条明确指出："职业教育是国家教育事业的重要组成部分，是促进经济、社会发展和劳动就业的重要途径。"

体育是学校教育的重要组成部分，《中共中央关于深化教育改革全面推进素质教育的决定》指出："健康体魄是青少年为祖国和人民服务的基本前提，是中华民族旺盛生命的体现，学校教育要树立健康第一的指导思想，切实加强体育教育工作，使学生掌握基本的运动技能，养成坚持身体锻炼的习惯。"

二、高职学校体育教学的目的和任务

（一）高职学校体育教学的目的

增强学生体质，促进学生身心正常发展，提高和增强身体素质，养成终身从事体育锻炼的习惯，向学生进行思想品德教育，使学生在德、智、体、美、劳几方面都得到全面发展，达到身心健康和全面发展的教育目标。

（二）高职学校体育教学的基本任务

1. 增强学生体质，促进学生身体的正常发育，培养健美的体格。通过引导学生全面锻炼身体，促进学生正常生长发育。人体从胚胎到成年不仅重量和体积增大（生长），而且构造和机能也发生从简单到复杂的变化（发育），这种生长发育的变化在青春期尤其明显。由于人体在进行体育锻炼时，新陈代谢作用旺盛，各器官系统都积极参与活动，这对人体，特别是对尚未发育成熟的器官的生长具有良好的促进作用。经常参加体育锻炼，可不断促进各器官系统的发育，使之得到正常、健康的生长，形成健美的体格。强健的体格是发展体能的物质基础。

通过多种运动项目科学系统的训练，促进学生生理水平的提高，使学生身体素质和基本活动能力得到全面的发展。身体素质，是指在体育活动中，人体各器官系统所表现的力量、速度、耐力、灵敏、柔韧等机能能力。具备良好的身体素质，是掌握运动技能、技术，提高运动成绩的基础。人的基本活动能力是指跑、跳、投、掷、负重等能力，这些都是学生学习、生活和将来建设祖国所必须具备的身体条件。

体育课和课外体育活动一般都在室外进行，可以充分利用日光、空气和水等自然资源进行锻炼，从而逐步提高身体对自然环境（如寒、暑）的适应能力和对疾病的抵抗能力，使学生的体格适应生产劳动的需要。

2. 使学生掌握体育基本知识、基本技术和基本技能，培养学生体育锻炼的能力和习惯。掌握体育和健康知识是学生进行体育运动的基础。为了提高学生参加体育锻炼的自觉性和科学性，提高他们的体育文化素养，就要使他们弄清体育在教育中的地位与作用，掌握体育和健康的基本知识和人体生长发育的一般规律，懂得体质测试与评价的方法以及科学锻炼身体的方法。体育基本技术，是指充分发挥人体机能能力的最合理、最有效地完成动作的方法。体育基本技能，是指按照一定技术要求完成动作的一种能力。掌握技术是形成技能的基础。技能储备越多，对学习新的运动技术就越有利。通过学习逐步学会科学锻炼身体的方法，培养独立锻炼的能力，掌握两至三项运动技能，养成终身锻炼身体的习惯。

3. 对学生进行思想品德教育，促进学生个性的发展。学校教育要以育人为中心。在体育教学过程中，要教育学生为祖国社会主义现代化建设锻炼身体，培养学生遵纪守法、团结友爱、朝气蓬勃、勇敢顽强、拼搏进取等优良品质,形成良好的体育作风和文明行为,如胜不骄、败不馁、讲文明、讲礼貌、尊重裁判、尊重对方、与同伴协作等。培养学生对体育的兴趣与爱好,体验运动的乐趣,并通过体育运动,培养学生的自信心、自制力、独立性,使学生个性全面发展。

4. 提高学生运动技术水平,为社会培养体育人才。在全面提高学生运动技术水平的基础上,对部分体育基础较好并有一定专项运动才能的学生进行业余系统训练,进一步增强他们的体质,提高其运动技术水平,使之成为学校群体活动的骨干,为企业培养体育人才。

第二节　科学运动与健身

一、青少年的身心发展特点与体育锻炼

(一) 青春期身体发育的特点

由儿童向成年过渡的时期,称为"青春发育期"(即青春期)。青春期是人体成长的必经时期,是在儿童期基础上快速发展并渐趋稳定的时期,一般是指10~20岁年龄阶段。

进入青春期,受神经系统和内分泌系统的影响,人体形态和身体机能等都会发生显著的变化,最主要表现在以下三个方面:

1. 青春期身体形态的变化。身体形态的变化主要是指身高、体重、胸围等的变化。身高在人体生长发育上是一个非常重要的指标,其他如体重、胸围、坐高、下肢长、肺活量等均与其有密切的关系。身高对于研究生理年龄、遗传、人种以及地势、地区、社会文化、体育锻炼等因素对人体生长发育的影响,都有重要的意义。

人的一生有两个突变阶段,这种突变在生理学上称为"生长高峰"。第一次从胎儿期到出生后1岁左右,第二次就是青春期。

青春期以前(10岁以前),身高每年平均只增长4~5厘米,到青春期快速增长阶段,每年平均增长6~8厘米。女生在11~13岁进入生长发育的快速期(即突增期),14岁以后生长速度减慢,到16~18岁停止生长,但有的持续到20岁左右;男生生长发育快速期较女生晚两年,13~15岁才开始进入,以后一直以比较高的速度持续增长,直到21~24岁才停止。

身高的增长,虽受先天遗传因素的影响很大,但后天适度的体育运动及充分的营养等因素,亦对身高有良好的促进作用。有研究证明,对于身高发育不良的儿童及青少年采取以下措施会收到较好的效果:

(1) 每天多走路,多做下肢活动;

(2) 控制身体向横的方向发展;

(3) 多在户外日光下进行身体锻炼,可促使下肢发育;

(4) 多吃牛奶、肉类、蔬菜、水果等食物,以摄取足够的动物蛋白质和维生素。

身高主要反映骨骼发育情况,其中下肢骨和脊柱骨的生长对身高起决定性作用。儿童、青少年骨骼的主要特点是软骨组织较多,骨组织内水分和有机物较多,骨的硬度小、韧性大,不易骨折,但易弯曲变形。因此,儿童、青少年在体育锻炼时应注意形成正确的身体姿势,以免造成畸形。不良的姿势和不正确的体育锻炼易使脊椎弯曲,如只做单臂支撑、投掷、单脚跳等非对称性练习;不注意对肢体的相应锻炼,或在硬地上做大量的踏跳练习等,都会引起脊椎弯曲和骨盆畸形。

过早地从事力量性练习,负重练习的重量过重、时间过长、练习次数过多或长时间的站立等,不仅影响下肢的发育,引起变形,而且还会导致骨骼发育提前完成,有碍身高的增长。

进入青春期,体重也显著增加,这是肌肉、内脏和骨骼等迅速生长发育的结果。骨骼的生长主要表现在长度增加,横径变粗,骨密质变厚,从而使骨重量增加。在这个时期,肌肉为适应骨骼的快速生长而主要向长度发展,肌纤维较细,力量和耐力较差。此时如进行力量性练习,对加大肌肉的横断面和肌力训练虽有作用,但效果是不明显的。青春期过后,性激素使肌纤维增粗,向横径发展,肌肉的横断面和肌肉力量会明显增加。根据儿童、青少年肌肉的特点,其体育锻炼应进行柔韧、弹跳、负荷较轻而动作较快的练习或中等负荷力量练习。

胸围是衡量人体生长发育水平的一个重要指标,它反映胸廓的大小及胸廓肌肉的发育情况。在青春期,胸围随年龄的增长而增加,13岁左右增长最快。女生18岁以后胸围基本稳定,男生20岁以后胸围增长缓慢。

2.青春期身体机能的变化。在青春期,随着人体形态的发育,身体的机能也发生变化。衡量机能状况的指标,通常是脉搏、血压、肺活量等。脉搏和血压反映心血管系统的机能状况,肺活量则反映呼吸系统的机能状况。

在青春期发育阶段,脉搏频率随年龄的增长而逐渐减慢,到十八九岁趋于稳定。脉搏频率的性别差别较明显,女子脉搏频率较男子快。血压随年龄的增长而增长。男子自13岁起血压增长迅速,16岁后趋于稳定;女子血压增长较均匀,十八九岁趋于稳定。无论收缩压还是舒张压,男子均高于女子。

肺活量随年龄增长而增大。男子肺活量自十二三岁起增长加快,20岁左右趋于稳定;女子肺活量自13岁以后明显低于男子,性别差异显著。一般女子的肺活量占男子的70%左右,这表明女子的呼吸功能较男子弱。

(二)青春期身体素质的变化

身体素质是人体运动过程中所表现出来的机能,包括力量、速度、耐力、灵敏性、柔韧性等。

青春发育期,身体各项素质都处在不断发展和提高的过程中,与形态、机能发展的速度基本趋于一致。男子在19岁以前,女子在11~14岁以前,各项身体素质均随年龄增长而提高。男子身体素质发展高峰期为19~22岁,自23岁起缓慢下降;女子11~13岁开始出现高峰,14~17岁趋于停滞或有所下降,18岁以后开始回升,19~

20岁又出现第二次高峰。

身体素质方面的两性差异,在12岁以前不明显,13～17岁迅速增大,18岁时最为明显。如女子的臂肌静止耐力只相当于男子的1/3,速度和速度耐力相当于男子的4/5,腰腹肌力量为男子的2/3,下肢爆发力为男子的3/4。女子身体素质明显低于男子是由形态、机能生长发育规律所决定的。

在青春发育期的不同阶段,各项身体素质增长的速度也有其自己的规律,存在着迅速增长期和慢速增长期的区别。

1. 力量素质:有研究表明,力量素质在13～14岁时开始逐年提高,在20～30岁时最好。

2. 速度素质:10～13岁时提高率最大,如不从事训练的话,14岁以后肌肉收缩速度就缓慢下来,16～18岁以后变化不明显。有资料介绍,男生在8～13岁时速度提高最快,女生在9～12岁时速度提高最快。

3. 耐力素质:耐力素质包括速度耐力和一般耐力。儿童、青少年正处于生长发育阶段,在安静时氧化活动比成年人旺盛,耗氧量多,但血红蛋白和肌红蛋白的含氧量却相对比成人的少,心肺机能较弱,无氧代谢供应能量的能力较差,负氧债的能力较弱。所以在进行时间长的紧张活动(即速度耐力练习)时,活动能力受到代谢机能的限制,活动不能持久。因而,在儿童、青少年身体素质发展过程中,既不能不进行耐力练习,又不能过多地进行耐力练习。必须循序渐进,逐步提高。

4. 柔韧素质:儿童、青少年骨骼的弹性好,关节韧带的伸展度大,所以年龄越小,柔韧性就越好。柔韧素质的训练从幼年开始更有成效。

5. 灵敏素质:灵敏与人体对空间定位和对时间的感觉能力有关,也和速度与力量素质的发展有关,它是一种综合素质。灵敏素质随年龄变化而发生变化:幼年时,空间定位和时间判断能力差;10～11岁左右,定位和定时能力提高,13～14岁时提高得最显著,15～16岁以后提高的速度逐渐慢下来。

二、体育锻炼的原则和方法

(一)体育锻炼的原则

1. 明确目的,积极自觉。体育锻炼就是挑战自身的惰性,战胜困难的过程。如果不自觉、自愿,别人是无能为力的。而自觉出于积极的动机,动机又产生于人的需要。当代大学生应成为有道德、有纪律、有知识,勇于思考、勇于创新的适应新时代需要的人才。强健的体魄则是适应世界范围内新技术革命和我国未来建设需要所必备的条件。

当代大学生任重道远,只有深刻地认识到体育锻炼的重要性与迫切性,明确目的、端正态度,才能积极投入到体育锻炼中去,达到预想的锻炼效果。

2. 从实际出发,量力而行。体育锻炼应坚持因人、因时、因地制宜,做到合理安排。因人是根据每个人的年龄、性别、健康状况和体育基础等量体裁衣,合理地选择体育锻炼项目,安排适宜的运动负荷。适宜的运动负荷是指锻炼以后身体局部自感有些酸痛和疲劳,但休息以后反而感到轻松自如、精神良好。因时是根据季节气候的变化,选择锻炼的内容和方法,如夏季练游泳、冬季练长跑,同时也可利用气候变化来提高机体适应自然环境的能力。冬练三九、夏练三伏就是在自然条件比较恶劣的情况下,锻炼意志品质,提高适应能力。因地制宜是根据体育场地、设备等条件来选择锻炼内容,如果条件比较差,则应因陋就简,选用一些不受条件限制的锻炼项目,这同样能达到较好的锻炼效果。

3. 循序渐进,持之以恒。体育锻炼必须遵循人体活动的规律,锻炼时间、强度及重复次数等均需要有一个逐步适应、发展和提高的过程,不能急于求成。

体育锻炼不仅要循序渐进,而且要持之以恒。强健的体魄和运动技能的掌握绝非一朝一夕的锻炼所能达到,一曝十寒的锻炼方式收不到锻炼效果。只有量的积累才能发生质的变化。运动技术的掌握是条件反射形成的过程,这种条件反射也必须经常强化才能得到巩固和发展,否则就会逐渐消退。所以锻炼必须经常保持,使人体的适应能力得到不断调节和提高,达到一生锻炼、终身受益的目的。

4. 全面锻炼,突出重点。人体是一个对立统一的整体,各器官系统之间是相互联系、相互制约的。尽管各项运动对增强体质都有作用,但又各有不同的特点。如体操对提高神经系统的调节机能有较好的作用,而游泳、长跑则对心血管系统和呼吸系统有更大的锻炼价值。

所以,如果单纯地从事一项活动,机体就不能获得良好的整体效果。每个人还应针对自己的条件、兴趣爱好,选择一两项常年锻炼的项目。

(二)体育锻炼的方法

1. 体育锻炼的形式和组织方法:

(1)早操:按时做早操可以培养学生良好的生活习惯,同时使睡眠后处于抑制状态的大脑和身体各个器官系统的低功能状态得到较快的消除,从而有利于提高学习效率。

早操的内容一般以徒手体操为主(如广播操、眼保健操、健身操等),也可以开展跑步、太极拳和各种球类基本动作练习。活动的时间一般为12～25分钟,生理负荷不宜过大,以免影响文化课学习。

早操组织方法可采用集体与分散相结合,统一安排与自选相结合。

(2)课外体育锻炼:课外体育锻炼的内容要做好与体育教学相结合、与体育锻炼标准相结合、与校传统体育项目相结合、与小型多样的竞赛相结合、与个人兴趣爱好相结合。

在组织形式上要注意集中与分散相结合、规定与自愿相结合、班级与个人相结合、锻炼与测验比赛相结合。

课外体育锻炼应掌握适宜的生理负荷和心理负荷,使身心和谐发展,促进健康,增强体质。

2. 体育锻炼的方法:要取得锻炼的良好效果,除了要有明确的目的和贯彻合理的锻炼原则以外,还必须有正确的锻炼方法。

体育锻炼方法一般有以下几种:

(1)重复锻炼法:在体育锻炼的过程中,多次重复同一动作来增加负荷的方法叫"重复锻炼法"。重复的次数越多,负荷量越大。重复多少次最合适,应按负荷价值标准值(即最有锻炼价值负荷量下的脉率。对于大学生来说,一般为150～170次/分。按不同项目,不同体质状况有所不同)随时加以调整。

(2)变换锻炼法:所谓"变换锻炼法"是与重复锻炼法相对而言的。它是在变换各种练习条件的情况下进行的一种锻炼方法。这些条件包括采取不同的动作要素(形状、幅度、节奏等)、运动负荷,不同的间歇、不同的外界因素等,以激发锻炼者的兴趣和积极性,其目的在于增强机体的机能能力,增强锻炼的效果。

(3)负重锻炼法:负重锻炼是指用杠铃、哑铃、沙袋等重物进行身体锻炼的方法。用负重方法去提高运动负荷,并不是越重越好,而应采用低于最大摄氧量和最大心血输出量(由心室压入主动脉的血氧量,通常以毫升/分来表示)的负荷。例如杠铃,在具体应用上以45秒钟内尽全力举7.5～10公斤,并以该重量举8～10次作为应用标准进行锻炼。经过一段时间的锻炼,按锻炼的机体反应和效果进行调整。

(4)间歇锻炼法:在体育锻炼时,任何一个项目,都不可能连续不断地做,尤其在达到一定负荷量时,必须有中间停歇和休息。从生理上讲,任何运动都是消耗体力的过程,在休息过程中,同化作用占优势,实现超量恢复。间歇时间的长短因运动项目、体质、环境条件不同而定。

(5)持续锻炼法:是为了保持有价值的负荷而不间断地进行锻炼的方法,其目的是使锻炼者身体充分感受到锻炼的作用。持续时间长短,同样取决于负荷价值标准值。如达不到该值,持续时间可长些;如超过,则安排间歇来进行调节。如安排在负荷标准脉率下锻炼20分钟,可收到增强体质的效果。

(6)巡回锻炼法:巡回锻炼法是指锻炼者设锻炼项目站,进行不同内容的锻炼的一种方法。在进行锻炼时,可以按不同锻炼项目设立若干个站,一个站一个项目,锻炼者依次进行巡回锻炼。各站的项目若选择恰当,可以达到全面锻炼的目的。一般设立6～12个站。

除上面提到的几种方法之外,还有游戏性锻炼法、比赛性锻炼法等。

三、提高身体素质的练习方法

身体素质是人体在运动、劳动和生活中所表现出来的力量、速度、耐力、灵敏性和柔韧性等能力。良好的身体素质是掌握各项运动技术的基础。它可以提高人体各器官系统的功能和机体对外界环境的适应能力。因此,发展身体素质练习是在校学生增强体质的重要锻炼内容,是体育教学的基本内容之一。要有效地提高学生的各项身体素质,除了选择恰当的练习手段,还要遵循正确的练习方法,掌握恰当的运动负荷,这样才能收到预定的效果。提高身体素质的练习,在校学生在全面发展的基础上,要重点发展力量和有氧耐力,适当地发展无氧代谢能力。

(一)提高力量素质的练习方法

提高力量素质的主要练习分三种:一是克服外界阻力的练习,如杠铃、哑铃、实心球、铅球的重量都可以作为外界阻力;二是克服自身体重的练习,如引体向上、俯卧撑、双杠双臂屈伸等;三是同时克服自身重量和外界阻力的练习,如穿铅衣、绑上沙袋做俯卧撑、引体向上等。提高力量素质要根据自身的特点和可利用的条件,有目的地选择增强肌肉和肌肉力量的练习手段,有计划地坚持锻炼,以便收到良好的效果。

下面介绍改善肌肉结构的练习方法:

1. 测定现有水平:提高力量素质在选择好练习手段后,先要测试自己的极限强度。如男生选用双杠双臂屈伸(女生俯卧撑),测得最多做12次,这就是现阶段极限强度水平。

2. 确定运动负荷:一般用40%～60%练习强度可改善肌肉结构。如表1-1所示。

表1-1 不同练习手段的运动负荷强度

练习手段	性别	负荷强度(%)	重复次数(次/组)	组数	间歇(分钟)
俯卧撑	女	40～50	4～6	3～5	2
双杠双臂屈伸	男	40～50	4～6	3～5	2
立定跳远	男	1.8～2.2	4～6	4	20
	女	1.4～1.8	3～4	3	20
斜身引体	男	50～60	25～35	5～8	1
	女	40～50	15～25	4～6	2
五级蛙跳	男	50～60	3～5	3～4	1
	女	40～50	2～4	2～3	1
仰卧举腿	男	40～60	10～16	3～5	2
	女		8～12	3～5	2

3. 确定练习频度:一般采用隔日练习,按单双日安排,可收到较好的锻炼效果。

4. 逐步提高运动负荷:一般的原则是先增加练习的组数,然后提高强度。如某男生采用双杠双臂屈伸发展上肢力量,用40%的负荷,最初每组做4次,共做2～3组,练习2周后可增加到4～5组,再过2周后可增加到6～8组。一般2个月后再测一次最高次数,假定已增加到40次,这时可采用45%负荷,每组8次,同时先要把组数减下来,暂定为4组,以后再逐步增加。如此不断提高运动负荷,就能获得较好效果。一般每2周可增加1次组数,2个月左右可提高1次练习强度,每次以增加5%为宜。

(二)提高耐力素质的练习方法

耐力素质是指人体长时间进行肌肉活动时抗疲劳的能力,也是人体的一项基本素质。经常进行耐力练习对增强心血管系统功能有显著作用。

1.5～6分钟跑走交替练习。

运动负荷:跑走交替(5～6)分钟×(2～3)次,间歇5分钟,心率保持在130～150次/分左右。

2.定时跑(女生8分钟,男生12分钟)。

运动负荷:第一阶段男生跑12分钟,距离1800～2000米,心率在130～150次/分钟。女生跑8分钟,距离1000～1500米,心率亦在130～150次/分钟之间。

第二阶段:男生跑12分钟,距离2200～2600米,女生跑8分钟,距离1400～1800米,心率都在150次/分钟左右。

3.变速跑。变速跑是快跑和慢跑交替进行的一种练习。快跑的速度用最高速度的70%的强度为宜,跑的距离可以在1500～3000米之间,应根据各人训练的水平而定,男女应有区别。

(三)提高速度素质的练习方法

速度素质是指以最短的时间完成某个动作或通过一定距离的能力。速度可分为反应速度、动作速度、位置移动速度。影响速度素质的因素有动作频率、幅度大小和神经反应的能力。

1.提高简单反应速度的练习——听突发信号起跑。

2.提高动作频率的练习——10秒原地快跑、高抬腿跑或小步跑。

3.提高加速度能力的练习——30米追逐跑。

4.50～60米加速跑。

5.后蹬跑结合加速跑。

6.30米行进间跑和60米重复跑。

7.10秒原地高抬腿。

各项目练习之间的休息采用慢走或轻松慢跑的方式。一般不要采取静止性的休息方法,因为它影响回心血量,会造成大脑短时间的贫血,引起头晕、面色苍白,甚至休克。

(四)提高柔韧素质的练习方法

柔韧素质是指关节活动的幅度及相关肌肉、韧带等软组织的伸展性和弹性。提高柔韧素质有利于正确地掌握各项运动技术,在大负荷或突然用力的情况下,避免损伤肌肉和韧带等软组织。

1.肩部柔韧性练习。徒手的各种增大肩关节活动范围的练习。

要求:摆臂、绕环速度由慢而快,有节奏感,逐步扩大肩关节活动范围。

2.腰部柔韧性练习。

(1)两脚并立,向左右做体侧屈。

要求:动作到位,富有弹性。

（2）成弓箭步，向左后、右后方转体摆臂。
（3）立位体前屈。

要求：练习者两脚靠拢立于凳上，两腿直立，上体前屈，两臂伸直尽量用力伸展。

3. 腿部柔韧性练习。

（1）各种方式压腿（正压、侧压、跪压）。
（2）前、侧、后踢腿和摆腿练习及纵劈叉、横劈叉。

要求：准备活动充分，做劈叉时要逐步下压。

4. 脚部柔韧性练习。

（1）各种增大踝关节活动范围的练习。
（2）跪坐压腿练习。

5. 提高柔韧素质的要求。提高柔韧素质有主动和被动两种形式：一种是自己控制，有计划、有步骤地进行伸展和扩大关节活动范围的练习；另一种是在别人的帮助下进行伸展和扩大关节活动范围的练习。应以主动形式为主，多用各种伸展性练习发展柔韧素质，练习时要循序渐进，动作要有节奏，接近极限时要保持一定的时间（不宜过久），然后做到充分放松，防止肌肉、韧带拉伤。

四、准备活动的作用和方法

（一）准备活动的作用

准备活动环节是体育课、训练课以及比赛前不可缺少的重要环节，必须从思想上加以重视。人在相对安静状态，如果没有做准备活动就进行剧烈的体育运动，往往会感到不适应，如动作不协调、力量和速度等能力无法充分发挥、运动成绩不能达到正常水平等。这种现象在延续一段时间后，才能逐步消除，这种延续现象叫"惰性作用"。准备活动的作用首先是人为地通过肌肉的活动，克服各种机能（特别是植物性神经系统的机能）活动的惰性，从而缩短进入工作状态的时间，使机体进入正式活动时具有较高的工作效率。

人体是统一的整体，人体各器官、各系统的机能是互相配合与协调的。当肌肉进行紧张的运动时，有机物的分解和能量的释放需要大大增加氧和营养物质的供应，而氧和营养物质的供应，是由呼吸系统与血液循环系统来执行的。支配内脏器官的植物性神经系统比支配骨骼肌运动的躯体性神经系统的惰性大，因此，不做准备活动就进入激烈运动时，内脏器官的机能不能适应肌肉运动的要求，不仅运动成绩下降，而且还会出现不良的生理反应，如头晕、恶心、呕吐，甚至休克等，对人体健康有一定的损害。

做准备活动不但可以提高中枢神经系统的兴奋性，而且也能提高植物性神经系统的兴奋性和灵活性，如心脏中血液输出、输入量的增加，肺的气体交换量的提高，这些都能促使新陈代谢的加强，保证肌肉的营养供应和废物的排除，从而提高整个机体的运动能力,并促进运动成绩的提高。

实际上,学生在上体育课或参加比赛之前,也会由于条件反射使身体各器官系统的机能起变化,以适应即将进行的肌肉活动,这种生理变化叫"赛前状态"。但课前或赛前大脑皮层的兴奋性过高(过度紧张)或过低(无精打采)都对教学训练或比赛产生不良影响,这就需要通过准备活动加以调节,抑制过度紧张状态,或消除无精打采现象,为顺利进行教学或比赛做好心理上与生理上的准备。

做准备活动后,人体的体温升高了,可降低肌肉与韧带的黏滞性(减少阻力),增加弹性,并促使关节囊分泌更多的滑液,以减少关节的摩擦力,增强关节的灵活性。这些变化可以加大人体运动的幅度,提高速度、灵敏性和柔韧性等,从而防止肌肉、韧带和关节的损伤。准备活动的各种练习,可以发展力量、速度、耐力、灵敏性和柔韧性等身体素质,对促进各种器官的正常发育和身体的全面发展,增强体质,具有重要作用,因此在教学或比赛中必须十分重视这一环节。

(二)准备活动的方法

1.一般性准备活动。

(1)徒手或持轻器械的练习,包括单人、双人徒手操、武术操、棍操、绳操等。

(2)走跑练习,包括各种形式的走、慢跑练习。

(3)队列队形和集中注意力练习。

(4)游戏,可根据教材、学生情况自编。

(5)球类运动,如篮球、足球等,时间不宜长,最好同徒手操结合使用。

(6)舞蹈,最好配乐使用。

2.专门性准备活动。专门性准备活动包括一些模仿练习、诱导练习或辅助练习,以及基本的身体素质练习。如:篮球徒手传接球练习、跑的专门练习等。

第三节　如何组织小型体育竞赛

体育组织工作的好坏,是举办竞赛活动成功与否的关键。一般来说,各项体育竞赛的组织工作大同小异。一般小型体育竞赛的常规组织工作包括以下几方面:

(一)宣传工作

1.宣传工作的途径。可结合各项竞赛项目,于赛前、赛中、赛后的整个过程,利用墙报、广播等形式进行宣传。

2.宣传工作的内容。主要包括:

(1)国家有关体育与健身的方针政策。

(2)结合竞赛项目宣传竞赛办法和竞赛规则等。

(3)宣传各单位、各年龄层次体育锻炼的先进经验和先进事迹等。

(4)宣传体育卫生和体育锻炼的科学知识与方法。

(二)成立竞赛的组织机构

1. 竞赛组织委员会。一般是由行政单位牵头,委托体育干事和某个协会(与比赛项目相关的协会)骨干,成立一个组织委员会。一般下设:竞赛组、宣传组、裁判组、后勤组、治保组及医疗组。

2. 仲裁委员会。一般由有竞赛项目专业知识的人员或专家组成,其职责是对比赛有异议的内容(如资格、规则运用等问题)进行最后裁决。

(三)做好竞赛的物质准备工作

1. 各种费用的预算,包括开闭幕式、奖品、裁判费用、需要添置的器材等。

2. 在预算的基础上,做好经费的筹集工作。

3. 准备好场地、器材等竞赛设施。

(四)做好竞赛协调工作

1. 协调比赛时间。

2. 协调组织委员会下设机构的组织工作。

3. 协调一切与比赛有关的事项。如印发秩序册、召集会议、制定工作计划、组织好开幕式和闭幕式,甚至劝说不宜参赛人员放弃资格或赛事等。

(五)竞赛部分的工作内容

1. 制定竞赛规程。任何项目的竞赛规程,均是以竞赛核心文件为准。它包括竞赛名称;竞赛日期和地点;参加办法,含分组、项目内容、各队人数、参赛资格等规定;竞赛办法,即比赛采用的方法(赛制)、确定名次的方法及比赛用具的规定等;竞赛规则,即采用的规则以及特定的规则;奖励办法,即精神与物质、个人与集体的奖励方式;报名日期和报名方法,即报名方式、报名截止日期、报名的其他要求事项;对参加的集体、个人的要求和注意事项;注明未尽事宜,另行通知(安排)。在制定规程时要为不足之处留有余地。竞赛规程一般提前1～2个月下发,赛事规模越大,下发时间应越早,以给参加者充分的准备时间。

2. 编排比赛日程表。一般是在确定赛制后进行,介绍淘汰制和循环制两种赛制如下:

(1)淘汰制。淘汰制是参加比赛的队(人)在比赛过程中失败一次(单淘汰)之后,即失去继续参加比赛的资格,连续获胜的队则继续参加比赛,直到最后赛出优胜者。优点是比赛场数少,所需时间短,可使更多的队参加比赛;缺点是参加者比赛机会少。以单淘汰为例,计算场数与轮流的方法是:

比赛场数计算方法　场数＝队数－1;

比赛轮次计算方法　轮次为2的乘方数,如8个队＝2^3＝3轮;如果参赛队不是2的乘方数时,如13个队参加,可选择最接近的大于参赛队数2的乘方数16作为号码置数,即16＝2^4＝4轮。

编排方法(以8队为例)见图1—1。

图1-1

序号抽签后即可为队名排出比赛日程表。

附加赛(虚线部分)可使8个队的名次均列出,编排方法如图1-2所示。

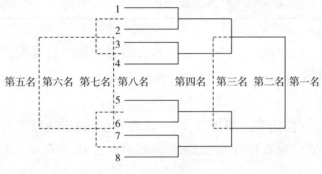

图1-2

(2)循环制。循环制是参加队(人)按一定的顺序与其他队(人)逐一相遇比赛,然后按全部比赛的胜负场数计算各队(人)得分,并确定各队(人)名次。其优点是比赛机会多,能较合理地确定名次;缺点是所用的时间长(场次多),所需器材、场地也较多。循环制有单、双和分组三种,但均以单循环为基础,故以单循环为例计算场数和轮流方法。方法是:

比赛场数计算方法　场数=队数(队数-1)/2;

比赛轮次计算方法　参加队(人)数为偶数,则轮次=队(人)数-1;参加队(人)数为奇数,则轮次=队(人)数。

编排方法　通常采用的是固定轮转法,即每轮比赛都把1号位置固定不动,其他号码按逆时针方向或顺时针方向移动一个位置,如表1-2以6个队逆时针移动为例:

表1-2　以6个队逆时针移动编排

轮次	第一轮	第二轮	第三轮	第四轮	第五轮
程序	1—6 2—5 3—4	1—5 6—4 2—3	1—1 5—3 6—2	1—3 4—2 5—6	1—2 3—6 4—5

如参赛队(人)为奇数,则要配成偶数编排,可以将最后一个数或第一个数假设为"0",与之相遇的队则轮空。

抽签后按所抽中号码,填写队(人)名。

根据表1-2,将各轮次的比赛编成比赛日程表,如表1-3所示。

表1-3 ×××比赛日程表

轮次	比赛队	时间	地点	裁判员
第一轮	××——××	×月×日×时	××场	×××
	××——××	×月×日×时	××场	×××
	××——××	×月×日×时	××场	×××
第二轮	××——××	×月×日×时	××场	×××
	××——××	×月×日×时	××场	×××
	××——××	×月×日×时	××场	×××

注:以后赛程按轮次表类推。

4. 召集领队、教练员会议。该会议一般在秩序册印发后进行。主要目的是纠正打印错误,解释新(特定)规则,解答领队、教练员有关问题,提出组委会要求事项,进行抽签等。

5. 训练裁判员(包括学习新规则、统一裁判尺度、训练裁判仪态等)。

6. 印发秩序册。竞赛秩序册是竞赛活动的具体操作性文件,应包含如下基本内容:

(1)封面,包括竞赛名称、主办单位、协办单位、比赛时间及比赛地点等;封二可印社区或行政单位的宣传图片或赞助单位广告等;

(2)目录;

(3)组织委员会名单;

(4)仲裁委员会名单;

(5)工作机构及人员名单;

(6)竞赛规程;

(7)精神文明评奖办法(如体育道德风尚奖等);

(8)裁判员守则;

(9)运动员守则;

(10)裁判员名单;

(11)运动员名单;

(12)竞赛日程(包括成绩记录表等);

(13)竞赛分组名单;

(14)场地平面示意图;

(15)田径比赛必须附地区(或单位)原成绩的最高纪录;

(16)封底(可附赞助单位等宣传内容)。

□ 思考题

1. 高职学校体育教学的目的和任务是什么?
2. 发展身体素质的练习方法有哪些?
3. 体育锻炼的原则和方法有哪些?
4. 什么是淘汰制和循环制?

第二章 人体健康知识

□学习目标

1.掌握健康的概念,养成健康的生活方式。
2.掌握自然力锻炼的方法。
3.了解吸烟、酗酒对人体健康的影响。
4.了解学生体质健康标准的测试项目。

第一节 人体与健康

一、健康的概念

(一)什么是健康

《中共中央国务院在关于深化教育改革全面推进素质教育的决定》指出:"学校教育要树立健康第一的指导思想,切实加强体育工作,使学生掌握基本的运动技能,养成坚持锻炼身体的良好习惯。"

健康包括身体健康、心理健康。1948年世界卫生组织在其宪章中提出了"健康"的定义:"健康不仅是免于疾病和衰弱,而且是保持身体上、精神上和社会适应方面的完善状态。"1978年9月召开的国际初级卫生保健大会通过了《阿拉木图宣言》,重申健康的含义:"健康不仅是没病和痛苦,而且包括在身体上、心理和社会各方面的完好状态。"1989年世界卫生组织又提出了"健康"的新定义:"除了躯体健康、心理健康和社会适应良好外,还要加上道德健康,只有这四个方面的健康才算是完全的健康。"

世界卫生组织提出了人体健康的10个标志:

1.精力充沛,能从容不迫地应付日常生活和工作;
2.处事乐观,态度积极,乐于承担任务而不挑剔;
3.善于休息,睡眠良好;
4.应变能力强,能适应各种环境的各种变化;
5.对一般感冒和传染病有一定的抵抗力;
6.体重适当,体形匀称,头、臂、臀比例协调;
7.眼睛明亮,反应敏锐,眼睑不发炎;
8.牙齿清洁,无缺损、无疼痛,齿龈颜色正常,无出血;

9. 头发光泽,无头屑;
10. 肌肉、皮肤富有弹性,走路轻松。

(二)养成健康的生活方式

生活方式对人体的健康起到至关重要的作用,健康的生活方式应包括:健康的生活行为、健康的饮食、健康的作息安排、健康的心理调节等。不良的生活方式表现比较广泛,例如:不合理的饮食、不良的生活习惯、不良嗜好(如抽烟、酗酒和滥用药物)等。

养成科学的健身习惯对于保障身心健康和预防疾病有积极的作用。任何人都可以根据自身的特点选择不同的健身项目进行不同方式的健身,提高速度、耐力、力量、柔韧素质。也可以从事各种球类运动、武术锻炼等,掌握一两种运动技能,养成终身锻炼的习惯。

二、环境与健康

环境通常是指人类赖以生存的各种外部条件。人类的生活和繁衍及其一切活动都与环境息息相关。人类就是在不断变化的环境中生存和发展的。因此,环境对人类的健康影响极大。环境可分为自然环境、社会环境、文化环境等,它们之间紧密联系,相互影响,共同影响着人体健康。

(一)自然环境对健康的影响

自然环境是环绕人们周围的各种自然因素的总和,如大气、水、植物、动物、土壤、岩石矿物、太阳辐射等。构成人类自然环境的因素主要有化学因素、物理因素、生物因素等。

1. 化学因素:自然环境中存在的化学组成成分通常是相对稳定的,这种相对稳定的环境,是保证人类正常生活和机体健康的必要条件。铁、碘、氟、铜、硒等是人体必需的化学元素,它们对人体生理功能的调节具有重要作用。随着历史的变迁和现代工业生产的发展,化学物质的种类和数量剧增,当这些化学物质在环境中达到一定浓度或与人体长期接触,就可能对人体健康造成危害。

2. 物理因素:自然环境中的物理因素如气温、气流、气压以及阳光中的紫外线等都具有一定的生物功能并综合作用于人体,对健康产生有利或不利影响。环境中的物理因素对机体的良性刺激,有利于人体新陈代谢、生长发育和延年益寿;当这些物理因素的强度、剂量和作用人体的时间超过一定程度时,就会对机体造成危害或引起疾病。

3. 生物因素:自然环境中的生物因素包括各种动物、植物、微生物等。自然生物之间存在着相互依存、相互制约的关系。人类作为生物之中的主体,当然会受到其他生物因素的作用。微生物在自然界的物质循环和能量转换以及在自然环境的净化过程中,发挥着极其重要的作用。但是,有些细菌、病毒、寄生虫等微生物也可成为人类致病的因素,特别是当环境遭到破坏后,对人类的健康危害性也大大地增加了。

三、运动与呼吸

机体在新陈代谢过程中,必须不间断地吸进氧气,呼出二氧化碳,这种机体与环境之间进行气体交换的过程称为"呼吸"。呼吸系统是人体重要的器官之一。人体在运动时呼吸的方式与安静时有显著的不同,在运动中掌握正确的呼吸方法可以省力省功,充分发挥人体机能,增强体质,提高健身锻炼的效果。

(一)呼吸的方法应适应于运动项目

进行体育锻炼时,由于从事的运动项目不同,其动作结构和动作技术要领也不一样,呼吸的形式、深度及节奏感等都不尽相同。这样做的目的是推迟在完成动作时给肌肉带来的疲劳,提高完成动作的质量。

1.周期性运动的呼吸。周期性运动项目采用的呼吸方式应是富有节奏的混合型呼吸,例如跑步练习,一般采用3步1呼、3步1吸,或者1步1呼、1步1吸,2步1呼、2步1吸,吸气时缓慢均匀,呼气时深长有力,这样可以延缓"极点"的出现。而短距离快速跑常采用整气与断续性的急骤呼吸相结合的办法。

2.非周期性运动的呼吸。非周期性运动项目的呼吸方式应以人体关节运动的解剖特征与技术动作的结构特点为转移。原则上是在完成两臂前屈、外展、外旋、扩胸、提肩或展体时,采取吸气比较有利,完成与上述动作相反练习时,采用呼气比较顺当。

(二)掌握正确的呼吸方法

运动时需氧量增加,必须及时地供给大量的氧气,常常采用口代鼻或口鼻同时呼吸的方法。而在严寒季节运动时,张口不宜太大,以减少冷空气的刺激。

一般运动时可采用鼻腔呼吸,在加快运动的速度和增加练习的运动量以后可借助于嘴的帮助,口鼻同时呼吸,以此来增加呼吸的频率和提高呼吸的强度,增加呼气和吸气量。

合理地运用憋气在运动中十分重要。在深或浅的吸气之后,紧闭声门,尽力做呼气运动称为"憋气",这种方法一般在发力、负重、静力等情况下使用。锻炼时采用憋气可反射性地引起肌力加强,可为参与有关的运动环节的肌肉创造最有效的收缩条件。但憋气对身体也有不良影响,如憋气时压迫胸腔,胸膜腔内压上升,导致血压升高等,这对缺乏心力储备者,特别对儿童、青少年和中老年人的心血管机能十分不利,应尽可能不采用此类呼吸方法。

学会运用胸式和腹式呼吸。在一些大强度练习中,仅靠口鼻同时呼吸是不够的,还必须借助于胸和腹的辅助动作,加深、加快呼吸,增加吸气量。

四、运动与消化

人体维持生命必须不断地从外界摄取营养物质,而体育运动能增强消化和吸收机能,并提高人体对营养物质的需要量。营养物质包括蛋白质、脂肪、糖类、维生素和无机盐等,这些营养素主要来自食物。蛋白质、脂肪和糖类(主要是淀粉和蔗糖),

一般为结构复杂的大分子物质,必须在消化道中消化后才能被吸收。

消化指食物在消化道中消化系统各器官的物理作用与消化酶的化学分解作用下,将大分子物质变成可吸收的小分子物质的过程,食物只有经过消化才能被吸收。

经常从事体育锻炼,对消化器官的机能有良好影响,可以使胃肠的蠕动增强,消化液分泌增多,使消化和吸收的能力提高,使人的食欲增加,有利于增强体质。

然而若体育运动与进餐的时间安排不当,如在剧烈运动后立即进餐,或者饭后马上进行剧烈的运动,都会对消化机能产生不良影响。这是因为剧烈运动时交感神经高度兴奋,引起腹腔内器官的血管收缩,肌肉中的血管舒张,血液进行重新分配,大量的血液流入肌肉的血管中以保证剧烈运动时肌肉工作的需要。由于腹腔器官的血管收缩,供给消化器官的血液减少,因而消化腺的分泌减少,同时,副交感神经的活动受到抑制,兴奋性降低,胃肠运动也受到抑制,消化能力下降。为解决运动与消化机能的矛盾,在运动和进餐之间要有一定的时间间隔,运动结束后应进行休息,使心肺活动基本上平静下来,胃肠做了适当准备后再用餐。同样,在饱餐后,胃中充满食物,膈肌上顶影响呼吸活动,同时在食物消化过程中,胃肠血液较多,此时进行剧烈运动,不但对消化不利,而且可能会引起腹痛或呕吐。饭后散步或做一些轻缓的活动,可以促进消化器官血液循环,增进消化腺的分泌和消化器官的活动,还能使呼吸加深,胸肌和腹肌的活动量增加,对消化器官起到一定的按摩作用,能增强消化与吸收功能。

第二节 自然力锻炼

一、自然力锻炼的概念与作用

利用日光、空气和水锻炼身体,称为"自然力锻炼",它是一种促进健康、增强体质的有效方法。

通过自然力锻炼,主要能提高机体对外界气象环境的适应能力,增强身体对疾病——尤其是气象因素所引起的疾病(如感冒、冻伤和中暑等)的抵抗力。

自然力锻炼还能增强中枢神经系统、心血管系统、呼吸器官和皮肤的功能,加强新陈代谢,从而促进身体的生长发育,增进健康。所以,自然力锻炼对正在成长的儿童和青少年来说,具有特别重要的意义。

二、自然力锻炼的一般原则

进行自然力锻炼,必须遵守一定的原则,才能收到良好的效果,否则,可能损害身体健康。

1.渐进性。应用自然因素刺激身体的强度和时间,都应当遵守循序渐进的原则,如空气浴开始锻炼阶段,持续的时间要短,温度不可太低或太高,以后逐渐延长时间,适应温度变化。锻炼最好从夏季开始,因为夏季的气温高,秋季和冬季气温逐渐降低,这样可使气温对身体的刺激形成一个渐进的过程。

2. 经常性。锻炼必须经常进行,最好从幼年开始一直坚持到老年,如果时断时续,就不易收到锻炼效果,还可能对身体产生不良影响。

3. 方式多样化。只用一种方式进行锻炼,身体就只能产生对该种刺激的适应能力;用多种方式进行锻炼,对身体的作用较为全面,从而可以提高锻炼效果。最好是综合利用日光、空气和水进行锻炼,以提高身体对各种刺激的适应能力。

4. 个别对待。由于每个人的年龄、健康状况以及身体对各种刺激的感受能力不同,因而在确定锻炼的方式、刺激的强度和持续的时间时,应考虑到每个人的特点,对儿童、青少年应当特别慎重。

三、自然力锻炼的注意事项

自然力锻炼不应在剧烈的体育活动前、后进行,否则可能对体内生理机能产生不良影响。

自然力锻炼不应在吃饭前、后进行,至少应在饭后半小时开始,或饭前半小时结束,以免影响食物在体内的消化吸收。此外,饥饿时也不宜进行,否则容易有头晕等不舒服的感觉。

在过度疲劳、身体发烧时,不宜进行自然力锻炼,因为在这些情况下,身体容易发生不良反应。

进行空气浴和冷水浴时,如感到寒冷,应立即停止锻炼,以免引起感冒。

女子在生理期不宜进行冷水浴和日光浴。

在锻炼过程中,要随时注意自我感觉,感觉不良时,应立即停止锻炼,并请医师或体育教师指导。

四、运动与自然力锻炼的结合

体育活动结合自然力锻炼是最好的运动方式。早操后进行冷水浴或经常在室外进行体育活动,都能收到较好的锻炼效果。露天游泳更是一种全面的锻炼,它除了肌肉进行活动,同时还综合了日光、空气和水的锻炼。

五、自然力锻炼的方式

(一) 空气浴

1. 空气浴对人体的作用。空气浴主要是利用气温、空气湿度和气流对人体的刺激作用来进行锻炼。它们刺激皮肤,通过神经反射作用引起体表血管的收缩或舒张,借以改善体温调节机能,提高神经系统的兴奋性和灵活性,从而改善和提高机体对外界环境的适应能力。

气温对机体的作用最大,气温越低对机体的刺激越强,引起机体的反应也越大,而空气湿度和气流则能加强或减弱气温对机体的作用。

新鲜的空气中含有对人体起良好作用的阴离子,它能够兴奋人的神经,改善自我感觉,并能增强体内物质代谢,提高呼吸和循环器官的功能。

2.空气浴的方法。经常穿着较单薄的衣服,尽量使肢体裸露在室外活动,就可以起到空气浴锻炼的作用。所以一般在室外活动多的人不需进行专门的空气浴。

空气浴最好与体育活动结合进行。在温暖的季节,可尽量裸露肢体在室外活动;冬季则可在室内或走廊内进行。但室内应先通风换气,并可借窗户的开关调节温度。

空气浴应从温暖的季节开始,以气温22℃～24℃,风速0.5米/秒～1米/秒,相对湿度60%～70%为宜。最初的持续时间不宜太长,开始时可为15分钟左右,以后逐渐延长,每次增加5～10分钟,可延长到1.5～2小时。

空气浴应在空气清新的地方进行,有雾的情况下不宜进行,因为有雾的空气不清洁。也不宜清晨在树林中进行,因为清晨树林中的二氧化碳含量较高,对身体不利。

(二)冷水浴

1.冷水浴对人体的作用。冷水浴主要是利用水的温度对人体的作用来进行身体锻炼。由于水的导热性强,因此它比空气对人体的刺激强度大。水温刺激皮肤,通过神经反射作用,可能改变机体的生理活动过程。不同的水温,引起机体的反应也不同,冷水可以提高神经系统的兴奋性,增强体内物质代谢和各器官的活动,使呼吸加深加快,心脏跳动加强,体表血管收缩,血流加速;温水则能降低神经系统的兴奋性,使体表血管扩张,改善组织营养。

在水中游泳或进行矿泉水浴时,由于水的压力对身体的作用,可提高呼吸循环器官的机能;矿泉水中含的某些化学物质(如硫酸盐、碘盐和溴盐等),对机体可起特殊作用,能改善体内的物质代谢过程和某些器官组织的机能。

总的来说,通过冷水浴锻炼,可以提高神经系统的兴奋性和灵活性,改善体温调节机能,提高心血管系统和呼吸系统的功能,增强身体对寒冷刺激的适应能力,促进身体健康。

2.冷水浴的方法。冷水浴有冷水擦身、冲淋和游泳三种基本方法。锻炼时应按下列顺序进行:

(1)擦身:用吸水性强的和不太柔软的毛巾沾冷水擦身。先从上肢开始,然后依次擦胸、腹、背和下肢。动作要迅速,擦的时间以不超过2分钟为宜。擦后随即用干毛巾擦干皮肤,并用力摩擦使皮肤发红。

(2)冲淋:经过一定时间的擦身锻炼,就可以用冷水冲淋全身。冷水冲淋可使身体大部分皮肤同时受到冷水的作用,因此它的刺激强度和锻炼效果比擦身大。开始时,水的温度不应低于28℃,以后逐渐降低,冲淋的时间不宜超过2分钟。冲淋后随即用干毛巾迅速摩擦全身。

(3)冬泳:冬泳是刺激强度最大、效果最好的锻炼方式。下水游泳前最好先经过冷水擦身和冲淋的锻炼。开始游泳时的气温不应低于26℃，水温不低于22℃。每次持续时间不超过10分钟，每天以1次为宜。以后随着锻炼程度的提高，可逐渐增加每次的持续时间。游泳后应将皮肤上的水擦干，并用毛巾摩擦皮肤。在进行冷水浴前和冷水浴后，可适当进行体育活动。

（三）日光浴

日光浴是利用太阳射线对机体的作用来增进身体健康的一种锻炼方法。

在我国南方，由于气候温暖，日光比较强烈，照射的时间也较长，人们接受日光的机会较多，因此一般不需要再进行专门的日光浴。而在我国北部地区，冬季较长，气候寒冷，日光较弱，而且照射的时间短，人们接触日光的机会少，因此，有必要进行日光浴锻炼。日光浴最好选在靠近江湖、海滨或郊外等空气清新的地方，因为这些地方有较多的紫外线。

进行日光浴主要应根据气温高低和日光强度来决定。在较热的季节，因中午的日光过于强烈，所以最好在上午8～10时或下午4～6时进行；而在寒冷的季节，则可在上午11时至下午2时进行。进行日光浴的气温，一般不应低于18℃或高于32℃，开始时每次可持续2分钟，仰卧、俯卧各1分钟，以后每次增加2分钟，并逐渐增至30分钟。每天1次，每6天后停1天，进行20～30次即可。

进行日光浴时应尽量裸体，最好仰卧或俯卧，并经常改变体位，使身体各部分受到均匀的照射。进行日光浴时，要注意对头部和眼睛的保护，最好戴白色帽子（或用毛巾遮盖）和戴黑色眼镜。此外，不能隔着玻璃进行日光浴，因为玻璃能够阻碍紫外线透入。

日光浴后应在阴凉处休息一段时间，然后进行冷水浴。日光浴后不宜立即进行冷水浴，否则会影响体内维生素D被身体吸收利用。

过度的日光照射是引起皮肤癌的最主要原因之一。因此，在进行日光浴时，不宜暴晒，不宜时间过长。长时间在户外活动或锻炼时，也应采取适当的保护措施，如在经常暴露的部位涂防晒霜、戴遮阳帽等。此外，应特别注意慢性皮炎、痣、疣的颜色及形态的变化，以便及早采取措施。

第三节 吸烟、酗酒对人体健康的影响

一、吸烟对人体健康的影响

吸烟是当今世界上危害最严重的社会问题之一。2005年2月27日，世界上第一部旨在减少烟草消费的公约——《烟草控制框架公约》正式生效。该公约是世界卫生组织主持达成的第一部具有法律效力的国际公共卫生条约。世界卫生组织就公约生效发表的声明中指出，如今烟草已经成为全球的第二大杀手。声明说："吸烟产生的破坏比非典和最近的海啸还要严重。"世界卫生组织的统计数字表明，全球每

年约有500万人死于和烟草有关的疾病。仅西太平洋地区,每天就有3000人死于吸烟。声明强调:"如果维持当前的趋势不变,到2020年的时候,每年将有1000万人因吸烟而过早去世。在全球13亿烟民中,有6.5亿人因为吸烟而过早死亡。"烟草是引起或可能引起25种疾病的起因,终身吸烟者死于烟草的机会为50%,世界上每10秒就有1人因吸烟而丧生。烟草成了不断蔓延的瘟疫。

为此,世界卫生组织率先在控制吸烟方面做了不懈的努力,并宣布"吸烟这一不良习惯必须彻底摒弃,它已成为严重的社会公害,为人们越来越无法接受和容忍",要用"不屈不挠的努力来帮助人们停止使用烟草产品"。

烟草是一种含有多种对人体有害成分的作物,其燃烧冒出的烟雾是一种很复杂的混合物,含有大量的有害物质。烟草烟雾含有4000多种物质,其中毒性较强、危害较严重的有尼古丁、一氧化碳、苯并芘、放射性同位素、金属元素镉、亚硝胺等。

吸烟损害人体的健康,祖国医学早有认识。《滇南本草》载曰:烟"辛热,有大毒",吸烟耗肺、损血、伤神、折寿。随着科学技术的发展,人们对于烟草危害的认识越来越清楚。烟草及烟雾中的大量有毒物,会对人体的神经、心血管、呼吸、消化、泌尿及生殖等系统造成损害,导致或诱发多种疾病。

(1)吸烟是多种癌症的祸根。烟草含的尼古丁、苯并芘、亚硝胺、放射性同位素、金属元素镉、苯、酚等有害物质,有致癌和促癌作用。据医学统计,吸烟者比不吸烟者的发病率比例:患肺癌的发病率为30倍,喉癌的发病率为5.4倍,口腔癌的发病率为4.1倍,膀胱癌的发病率为1.9倍,胃癌的发病率为1.4倍,胰腺癌的发病率为3倍,前列腺癌的发病率为1.3倍。

以肺癌为例子,根据5个不同国家、8次前瞻性研究,1750万人随访观察表明,患癌症的危险性与每天吸烟量和持续时间成正比。

(2)吸烟对心、脑血管的损害。吸烟对心、脑血管系统的损害是明显的,它使血管产生痉挛性收缩,引起缺血,导致动脉硬化,引起冠心病,使血压增高、心跳加快、心律失常等。

(3)吸烟对神经系统的损害。吸烟对神经系统先有短暂兴奋,后持久有麻痹作用,从而破坏了大脑皮质对兴奋抑制的动态平衡。长久吸烟会出现神经过敏、记忆力减退、注意力分散、精神恍惚、失眠多梦、反应迟钝等神经衰弱及神经中毒症状。

(4)吸烟对呼吸系统、消化系统的损害。烟草中的有害物质,进入呼吸道,直接刺激黏膜管壁,破坏呼吸道的"天然屏障",造成小气管阻塞,致使肺的免疫功能下降,而导致多种疾病,如支气管炎、肺部感染、肺癌等。

吸烟还导致胃肠功能紊乱,引起食欲不振、恶心、呕吐、腹泻或便秘,并对胃和十二指肠造成损害,诱发溃疡。据统计,患胃及十二指肠溃疡的病人中,吸烟者比不吸烟者高10倍。

(5)吸烟的其他危害。吸烟会加速衰老,表现在面部变化、生理机能、运动能力、脑组织改变和思维等方面,导致各种疾病,减短寿命。吸烟越早、越多,寿命越短。

据统计,吸烟者比不吸烟者平均少活5～10年。每天吸20支烟,比不吸烟者少活5.5年,每天吸烟40支者平均少活8.3年。因此,有人曾推算,每吸一支烟,其寿命就会减少5分钟,所以说:"吸烟是生命的窃贼。"

被动吸烟者指"不吸烟者无意或被动吸入由于吸烟者的烟草燃烧产生的烟雾"。其来源为:由吸烟者吸烟时所喷出的烟,也称为"主流烟雾";由烟草直接燃烧产生的烟,也称为"侧流烟雾"。室内烟雾以侧流烟雾为主,侧流烟雾所含的一氧化碳的浓度是主流烟雾的5倍,尼古丁、焦油为3倍,苯并芘为4倍,胺为46倍。被动吸烟者同主动吸烟者一样饱受烟害。

二、饮酒对人体健康的影响

我国具有悠久的酿酒历史,并且酒质优良,在国际上享有较高的声誉。至今,饮酒已成为很多人的一大嗜好。"无酒不成礼,无酒不成欢,无酒欠敬意",在很多社交活动中几乎都离不开酒。适量饮酒,有兴奋神经、增进食欲、帮助消化、祛风除湿、舒筋活络、化瘀止痛等作用,过量饮酒则有碍健康。

(1)对消化系统的损伤。长期饮酒,最易损伤消化器官,酒对口腔、咽喉、食管、胃、胰腺的刺激,不仅诱发炎症和溃疡,还使这些部位的癌症发生率明显提高。饮酒不当,可以引起急性胃炎,其症状为恶心、呕吐、打嗝、胸腔部灼热、疼痛等,也可引起急性肠炎,其症状为腹泻、腹痛、肠鸣、亢进、大便次数频繁。过量饮酒,还可能导致急慢性胰腺炎症,造成心窝部或上腹部疼痛,出现食欲不振、消化不良、恶心、呕吐、腹泻,以致发生营养不良、贫血及消瘦,甚至出现黄疸,严重的会引起肝脏损伤。因为肝脏是酒精代谢的唯一器官,长期饮酒,可引起酒精性肝炎、脂肪肝、肝硬化等多种疾病。

(2)对神经系统的损害。长期过量饮酒会损伤大脑皮质,造成中枢神经最高级部位功能损害,引起神经系统功能紊乱,如神经衰弱、智力迟钝、注意力不集中、判断能力下降、记忆力减退、视力下降,严重时甚至出现神经萎缩。酒精慢性中毒会损伤上下肢远端神经元,表现为"手套或袜套状"麻痹。一次大量酗酒,可出现急性中毒,脑神经麻痹,严重可危及生命。

(3)对心血管系统的损害。长期过量饮酒,会引起心脏变形,失去正常的弹力而增大;心脏组织中出现脂肪细胞,心肌肥大,心脏收缩功能减弱,心动过速;还可引起心肌炎,血压、血脂升高,胆固醇含量增加,使冠状动脉硬化,冠心病发病率增加。

更为严重的是酗酒极易引起中风,这是因为:①酒精有导致心律失常的作用,诱发心房纤颤或心肌病,使心输出量减少,附壁血栓形成引起心源性脑栓塞;②长期饮酒,可使血压升高,高血压患者易发生脑小动脉硬化,血管变脆,血压波动,极易发生痉挛,形成血栓或破裂出血,引起中风;③急性酒精中毒可使体内凝血机制激活,易诱发血栓形成;④习惯性饮酒,局部脑血流量会减少。

(4)对呼吸道影响。长期大量饮酒,可使呼吸防御功能降低,易患上呼吸道感染性疾病,临床上以急性咽喉炎较多,其次是急性支气管炎、慢性支气管炎、支气管扩张、肺结核。调查研究证明,饮酒者患上述病的发病率比非饮酒者高。醉酒时,患者处于昏迷状态,易引发吸入性肺炎。

(5)长期大量饮酒及烟酒兼嗜者可使癌症发病率增加。长期大量饮酒及烟酒兼嗜者口腔癌、咽部癌、鼻咽癌的发病率比一般人高得多。其原因为:①酒精能刺激垂体分泌增加,从而加速细胞繁殖,增加对肿瘤细胞的易感性;②长期饮酒,会导致维生素B、叶酸、铁等的缺乏,营养素不足,营养状况下降,因而降低机体对外源性致癌物的抵抗力;③酒对免疫功能有抑制作用。大量饮酒引起癌症的死亡率比不饮酒者高。

(6)长期大量饮酒对身体的其他损害。可影响性腺、垂体、甲状腺及肾上腺等分泌腺体的功能,从而影响人体的新陈代谢。对人的眼、耳、鼻、舌等器官产生不同程度的影响。孕妇饮酒还会影响胎儿发育,使出生婴儿体重较轻,严重者可引起胎儿酒精中毒综合征。女性酒精中毒会损害卵子,造成染色体异常而引起流产、死胎,还可能出现畸胎和遗传性疾病;男性酒精中毒可造成精子减少或无精子。

青少年正处于生长发育时期,各个组织器官的发育尚未成熟,饮酒更易损伤消化器官和神经系统,如情绪不稳、记忆力减退、头痛、头晕等,这对学生学习非常不利。为此,不提倡青少年饮酒,以保证有健康的身体和充沛的精力来搞好学习。

第四节 体格检查

一、姿势检查

身体姿势是评价生长发育的重要指标。正确的姿势,可使人体各部位处于最省力状态,从而减少疲劳,并且有利于运动能力的发挥。不正确的身体姿势,由于力关系改变会造成人体形态发生变化,使骨关节、肌肉、内脏器官等的功能遭受损害。

由于身体各部分的形态是影响整体姿势的重要方面,因此,姿势检查至少应包括脊柱、腿、足的检查。

(一)脊柱形态检查

人体的姿势是否正确,主要取决于脊柱的形状。人体的脊柱是由7块颈椎、12块胸椎、5块腰椎及1块骶骨组成,在脊柱的周围有韧带、肌肉和肌腱协同工作,完成脊柱的功能。

正常人的脊柱生理弯曲,从侧面看,颈部向前弯,胸部略向后弯,腰部向前弯。

按脊柱形状可分为正常背、驼背、直背和鞍背,如图2-1所示。

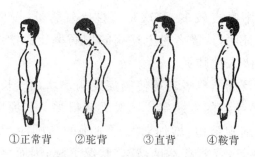

① 正常背　② 驼背　③ 直背　④ 鞍背

图 2-1　脊柱的形状

根据脊柱侧弯的形状,可分为"C"形弯曲和"S"形弯曲两类,如图 2-2 所示。

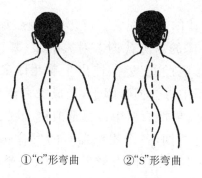

① "C"形弯曲　　② "S"形弯曲

图 2-2　脊柱侧弯类型

脊柱弯曲的矫正方法很多。主要通过保持正确姿势、加强医疗体育锻炼进行矫正。年龄越小,治愈率越高。轻度和中度固定型侧弯的儿童,矫正效果比较明显。除加强预防之外,对于已经发生脊柱异常弯曲的儿童、青少年,应尽快治疗,才能取得较好的效果。

(二)腿的形状检查

从外形来看,腿的形状分为三种,即正常腿、"O"形腿和"X"形腿,如图 2-3 所示。

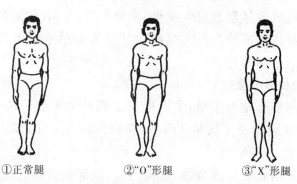

① 正常腿　　　② "O"形腿　　　③ "X"形腿

图 2-3　腿的形状

腿的形状是否正常,这与婴幼儿时期骨骼的生长发育有密切关系,后天的营养条件差,姿势和动作长期不正确,也会造成腿的形状不正常。

(三)足弓的检查

人的足弓是由内侧纵弓、外侧纵弓和横弓组成。足弓主要靠周围肌肉、骨腱及韧带等的作用维持其形状。

足弓的形状可分为正常、轻度扁平、中度扁平、重度扁平及高足弓五种。测量方法如图2-4所示。

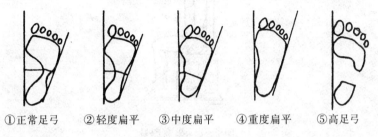

①正常足弓　②轻度扁平　③中度扁平　④重度扁平　⑤高足弓

图2-4　用画线比例法评定足弓

二、形态测量

形态测量是了解身体发育和健康状况的主要方法。通过形态测量可以了解生长发育水平、体型特点及形态指标变化的规律,可以用来评价体育锻炼对人体的影响,有助于改进体育教学和运动训练。形态测量对于正在生长发育中的儿童、青少年尤为重要。

形态测量的指标很多,其中以身高、体重和胸围最为重要,是生长发育的基本指标,是形态测量中必不可少的。其他还有坐高、肢体的围度、长度以及宽度等指标,可根据具体需要选用。

(一)身高

身高是指人站立位时头顶正中线上最高点至地面的最大垂直距离,它是反映人体生长发育情况的重要指标,尤其能表明骨骼生长发育情况。测量方法如图2-5所示。

图2-5　身高测量

(二)坐高

坐高是指人坐时头顶正中线上最高点至座平面的垂直距离,它是反映躯干生长长度的指标,坐高与身高比例关系可用来评价体型。测量方法如图2-6所示。

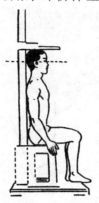

图2-6 坐高测量

(三)体重

体重即人体的总重量,在一定程度上反映人体的营养状况、肌肉、骨骼的发育和健康状况。测量体重的时间要前后一致,最好是在晨起排便之后进行,一般来讲,早餐前测量体重最为正确。

(四)胸围

胸围反映胸廓的容积及胸部骨骼、肌肉和脂肪层的发育情况,并在一定程度上说明身体形态和呼吸器官的发育情况。测量胸围时,测量者将软带尺绕被测者胸廓一周,在背部带尺上缘接触两肩胛骨下角下缘,然后再绕至胸前。男子和未发育成熟的女子,带尺下缘放在乳头上方,即相当于第四肋骨与胸骨接触处。首先测量平静呼吸气末的胸围,然后再测量深吸气深呼气末的胸围。深吸气胸围和深呼气胸围的差,即为呼吸差,测量误差不超过1厘米。测量方法如图2-7所示。

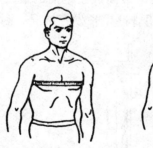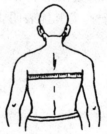

图2-7 胸围的测量

(五)臂围

臂围反映臂部肌肉发达程度。臂围包括上臂紧张围和上臂放松围。臂围差男子平均为2~3.5厘米,女子平均为1.5~2厘米。用带尺在上臂最粗处测量。

(六)腿围

腿围反映腿部肌肉的发达程度,包括大腿围和小腿围。测量大腿围时将带尺上缘贴于臀股皱襞下,小腿围测粗处。

(七) 腿长

腿长与运动能力的关系很大,尤其是对从事跑、跳、跨栏、体操及球类项目都应尽可能地挑选腿长者。

1. 大腿长。大腿长是指股骨大转子尖至股骨外上缘点的距离。
2. 小腿长+足高。小腿长+足高,是指胫骨内踝上缘至肢支撑的距离。
3. 跟腱长。跟腱长是指腓肠肌内侧头肌腹下缘至跟骨结节间的直线距离。
4. 踝围。踝围是指小腿踝关节上方最细处的水平围长。

(八) 肩臂长

肩臂长反映两手中指端之间的水平位时的最大直线距离。

(九) 肩宽

肩宽反映左右两肩峰之间的宽度。

(十) 骨盆宽

骨盆宽反映两侧髂嵴向外最突出点之间的直线距离。

第五节 学生体质健康标准

一、体质概述

体质测试中的"体质"主要是指人体形态、机能、素质、心理和适应能力的综合反映。体质所包含的范畴大致有身体发育水平、身体功能水平、身体素质及运动能力水平、心理发育水平、适应能力等。从2000年中国学生体质健康调研结果发现了不少问题,学生健康现状不容乐观,必须积极采取措施,扭转学生体质健康状况下滑的趋势。教育部、国家体育总局于2002年7月印发了《学生体质健康标准》(以下简称《标准》)及其实施办法,要求从2003年新学年开始,所有高等学校开始实施《标准》。《标准》颁布实施的目的就在于使学校和广大的学生以及家长能够及时了解学生的健康水平,督促学生积极参加体育锻炼,上好体育课,养成良好的锻炼习惯,进而全面提高学生的体质健康水平。《标准》从身体形态、身体机能和身体素质等方面综合评定学生的体质健康状况,以百分制记分。不同年龄有不同的测试项目,同一年级还会根据个人的不同身体条件有不同的标准。《标准》通过对一个人的形态,也就是身高和体重等来决定素质项目的标准,这样每一个人都会得出一个适合于自己的体质健康标准,从而可以更好地引导学生进行适合于自己的体育锻炼。

二、《学生体质健康标准》简介

为了贯彻《中共中央国务院关于深化教育改革全面推进素质教育的决定》中提出的"学校教育要树立健康第一的指导思想,切实加强体育工作"的精神,促进学生积极参加体育锻炼,养成经常锻炼身体的习惯,提高自我保健能力和体质健康水平,教育部、国家体育总局特制订《标准》,《标准》适用于全日制小学、初级中学、普通高中、中等职业学校和普通高等学校的在校学生。《标准》从身体形态、身体机能、身体素质等方面综合评定学生的体质健康状况,按百分制记分。根据学生的生长发育规律,将测试对象划分为以下组别:小学一、二年级为一组;小学三、四年级为一组;小学五、六年级为一组;初一(七年级)以上每年级为一组;大学为一组。

(一)测试项目

1.小学一、二年级测试项目为身高、体重、坐位体前屈三项。

2.小学三、四年级测试项目为身高、体重、50米跑、立定跳远四项。

3.小学五、六年级测试项目为六项,其中身高、体重、肺活量为必测项目。选测项目为三项;从台阶试验和50米×8往返跑中选测一项;从50米跑和立定跳远中选测一项;男生从坐位体前屈和握力中选测一项;女生从坐位体前屈、握力、仰卧起坐中选测一项。

4.初一(七年级)以上各年级(含大学)测试项目为六项,其中身高、体重、肺活量为必测项目。选测项目为三项;从50米跑和立定跳远中选测一项;男生从台阶试验和1000米跑中选测一项;女生从台阶试验和800米跑中选测一项;男生从坐位体前屈和握力中选测一项;女生从坐位体前屈、仰卧起坐和握力中选测一项。

(二)测试与评分标准

1.《标准》中的选测项目由各地(市)级教育行政部门测试前随机确定。考虑到城乡的不同情况,《标准》中的台阶试验项目农村学生可选测相应项目,城市学生统一进行台阶试验的测试。

2.《标准》中的身体形态、身体机能和身体素质的测试方法按人民教育出版社出版的《学生体质健康标准(试行方案)解读》中的有关要求进行。《标准》的各项评分标准见书后附表1和附表2(我们仅将高级中学及大学生的评分标准列入此书)。

(三)等级评定与登记

各个测试项目的得分之和为最后得分,根据最后得分评定等级。86分以上为优秀,76~85分为良好,60~75分为及格,59分及以下为不及格。每学年评定一次并记入《学生体质健康标准登记卡片》(见附表3),小学按组别两年评定一次,其他每学年度评定一次。学生毕业年级的等级评定,按毕业当年的成绩和其他学年平均成绩(各占50%)之和评定。

(四)实施办法

1.学生达到《标准》良好等级及以上者,方可评为三好学生,获奖学金(高等学校);学生毕业时《标准》成绩达到60分为及格,准予毕业;《标准》成绩不及格者,高等学校按肄业处理。

2.奖励与降低分数的办法。

(1)属下列情况之一,奖励5分,不同项可累计加分。

• 早操、课间操和课外体育锻炼出勤率达到98%,并认真锻炼者。

• 获等级运动员称号者。

• 参加校运动会及以上体育比赛获名次者。

• 学生体育干部在组织各项体育活动中工作认真负责者。

（2）对体育课、早操、课间操、课外体育锻炼无故缺勤,一年累计超过应出勤次数 1/10 或因病、事假缺勤,一学年累计超过 1/3 者,其《标准》成绩应记为不及格,年《标准》成绩最高记为 59 分。

（3）因病或残疾学生,可向学校提交免予执行《标准》的申请,经医生证明,体育部门核准后,可以免予执行《标准》,所填表格（见附表 3）存入学生档案。

三、《标准》测试的具体操作方法

（一）身高

1. 测试目的。测试学生身高,与体重测试相配合,评定学生的身体匀称度,评价学生生长发育及营养状况的水平。

2. 场地器材。使用身高测量计前应校对,以钢尺测量基准板平面至立柱前面红色刻线的高度是否为 10.0 厘米,误差不得大于 0.1 厘米。同时应检查立柱是否垂直,连接处是否紧密,有无晃动,零件有无松脱等情况,并及时加以纠正。

3. 测试方法。受试者赤足以立正姿势站在身高测量计的底板上（上肢自然下垂,足跟并拢,足尖分开约成 60°）。足跟、骶骨部及两肩胛区与立柱相接触,躯干自然挺直,头部正直,耳屏上缘与眼眶下缘呈水平位,如图 2-8 所示。测试人员站在受试者右侧,将水平压板轻轻沿立柱下滑,轻压于受试者头顶。测试人员读数时双眼应与压板水平面等高。记录员复述后进行记录。以厘米为单位,精确到小数点后一位。测试误差不得超过 0.5 厘米。

4. 注意事项。

（1）身高测量计应选择平坦靠墙的地方放置,立柱的刻度尺应面向光源。

（2）严格掌握"三点靠立柱"、"两点呈水平"的测量姿势要求,测试人员读数时两眼一定要与压板等高,两眼高于压板时要下蹲,低于压板时应垫高。

（3）水平压板与头部接触时,松紧要适度,头发蓬松者要压实,头顶的发辫、发结要放开,饰物要取下。

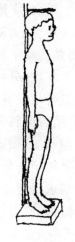

图 2-8 身高的测量

（4）读数完毕,立即将水平压板轻轻推向安全高度,以防碰坏。

（5）测量身高前,受试者不应进行体育活动和体力劳动。

（二）体重

1. 测试目的。测试学生的体重,与身高测试相配合,评定学生的身体匀称度,评价学生生长发育的水平及营养状况。

2. 场地器材。杠杆秤或电子体重计使用前需检验其准确度和灵敏度。准确度要求误差不超过 0.1%,即每百千克误差小于 0.1 千克。检验方法是,以备用的 10 千克、20 千克、30 千克标准砝码（或用等重标定重物代替）分别进行称量,检查指标读数与标准砝码误差是否在允许范围。灵敏度的检验方法是，置100克重砝码，观察刻度尺变化，如果刻度抬高了3毫米或游标向远移动0.1千克而刻度尺维持水平位时，则达到要求。

3. 测试方法。测试时，电子秤应放在平坦地面上，调整0点至刻度尺水平位。受试者赤足，男性受试者身着短裤，女性受试者身着短裤、短袖衫，站在秤台中央，如图2－9所示。读数以千克为单位，精确到小数点后一位。记录员复诵后将读数记录，测试误差不超过0.1千克。

4. 注意事项。
(1)测量体重前受试者不得进行剧烈体育活动和体力劳动。
(2)受试者站在秤台中央，上下秤动作要轻。
(3)每次使用电子秤前均需校正。

图2－9　体重的测量

(三)台阶试验

1. 测试目的。测试学生的心血管机能。
2. 场地器材。台阶或凳子、节拍器(或录音机及磁带)、秒表、台阶实验仪。
3. 测试方法。初中以上男生用高40厘米台阶(或凳子)，女生及小学四年级以上男女生用高35厘米的台阶(或凳子)，小学1～3年级男女生用高25厘米台阶(或凳子)，做踏台上、下运动。测验前测定安静时的脉搏，然后受试者做轻度的准备活动，主要是活动下肢关节。上、下台阶(或凳子)的频率是30次/分钟，因而节拍器的节律为120次/分钟(每上、下一次是四动)。受试者按节拍器的节律完成试验。

受试者从预备姿势开始，一只脚踏在台阶(或凳子)上，踏台(凳)腿伸直成台上站立，先踏台的脚先下地，还原成预备姿势。用2秒上、下一次的速度(按节拍器的节律来做)连续做3分钟，如图2－10所示。做完后，立刻坐在椅子上测量运动结束后的1分钟至1分半钟、2分钟至2分半钟、3分钟至3分半钟的3次脉搏数。并用下列公式求得评定指数，计算结果包含有小数的，对小数点后的1位进行四舍五入取整进行评分。

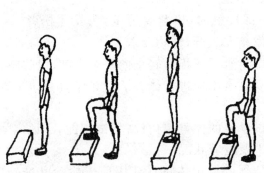

图2－10　台阶试验

评定指数:[踏台(凳)上、下运动的持续时间(秒)×100]÷[2×(3次测定脉搏数的和)]

4. 注意事项。

(1)心脏有病的不能测试。

(2)按2秒上、下一次的节奏进行。当受试者跟不上节奏时应及时提醒,如果3次跟不上节奏应停止测试,以免发生伤害事故。

(3)上、下台阶时,膝、髋关节都应伸直。

(4)受试者不能自己测量脉搏。

(5)如果受试者不能完成3分钟的负荷运动,以实际上、下台阶(凳子)的持续时间进行计算,计算公式和方法同上。

(四)肺活量

1. 测试目的。测试学生的肺通气功能。

2. 场地器材。电子肺活量计。

3. 测试方法。在通风良好的房间内,使用干燥的一次性口嘴进行测试(非一次性口嘴,则每换一个测试对象需消毒一次。每测一人时将口嘴朝下倒出唾液,并注意消毒后必须使其干燥)。肺活量计主机放置平稳桌面上,检查电源线及接口是否牢固,按工作键液晶屏显示"0"即表示机器进入工作状态,预热5分钟后测试为佳。

首先告知受试者不必紧张,并且要尽全力,以中等速度和力度吹气,效果最好。令受试者面对仪器站立、手持吹气口嘴,面对肺活量计站立试吹1至2次,首先看仪表有无反应,还要试口嘴或鼻处是否漏气,调整口嘴和用鼻夹(或自己捏鼻孔);先深吸气(避免耸肩提气,应该像闻花似的慢吸气),深吸气后屏住气再对准口嘴尽力深呼气,直到不能呼气为止,防止此时从口嘴处吸气,测试中不得中途二次吸气。吹气完毕后,液晶屏上最终显示的数字即为肺活量毫升值。每位受试者测3次,每次间隔15秒,记录3次数值,选取最大值作为测试结果。以毫升为单位,不保留小数。

4. 注意事项。

(1)电子肺活量计的计量部位的通畅和干燥是测量准确的关键,吹气筒的导管必须在上方,以免口水或杂物堵住气道。

(2)每测试10人及测试完毕后用干棉球及时清理和擦干气筒内部。严禁用水、酒精等任何液体冲洗气筒内部。

(3)导气管存放时不能打折。

(4)定期校对仪器。

(五)50米跑

1. 测试目的。测试学生速度、灵敏素质及神经系统灵活性的发展水平。

2. 场地器材。50米直线跑道若干条,地面平坦,地质不限,跑道线要清晰。发令旗一面,口哨一个,秒表若干块(一道一表)。秒表使用前应用标准秒表校正,每分钟误差不得超过0.2秒。标准秒表的选定,以北京时间为准,每小时误差不超过0.3秒。

3.测试方法。受试者至少两人一组测试。站立起跑,受试者听到"跑"的口令后开始起跑。发令员在发出口令同时要摆动发令旗。计时员视旗动开表计时。受试者躯干部到达终点线的垂直面停表。记录以秒为单位,精确到小数点后一位。小数点后第二位数按非零进1原则进位,如10.11秒读成10.2秒,并记录之。

4.注意事项。

(1)受试者最好穿运动鞋或平底布鞋,赤足亦可。但不得穿钉鞋、皮鞋、塑料凉鞋。

(2)发现有抢跑者,要当即召回重跑。

(3)如遇风一律顺风跑。

(六)立定跳远

1.测试目的。测试学生下肢肌肉爆发力及身体协调能力的发展水平。

2.场地器材。沙坑、丈量尺。沙面应与地面平齐,如无沙坑,可在土质松软的平地上进行。起跳线至沙坑近端不得少于30厘米。起跳地面要平坦,不得有坑凹。

3.测试方法。受试者两脚自然分开站立,站在起跳线后,脚尖不得踩线(最好用线绳做起跳线)。两脚原地同时起跳,不得有垫步或连跳动作。丈量起跳线后缘至最近着地点后缘的垂直距离。每人试跳3次,取最好成绩,以厘米为单位,不计小数。

4.注意事项。

(1)发现犯规时,此次成绩无效。3次试跳均无成绩者,再跳至取得成绩为止。

(2)可以赤足,但不得穿钉鞋、皮鞋、塑料凉鞋。

(七)坐位体前屈

1.测试目的。测量学生在静止状态下的躯干、腰、髋等关节可能达到的活动幅度,主要反映这些部位关节、韧带和肌肉的伸展性和弹性及学生身体柔韧素质的发展水平。

2.场地器材。坐位体前屈测试计。

3.测试方法。受试者两腿伸直,两脚平蹬测试纵板坐在平地上,两脚分开约10~15厘米,上体前屈,两臂伸直向前,用两手中指指尖逐渐向前推动游标,直到不能前推为止,如图2—11所示。测试计的脚蹬纵板内沿平面为0点,向内为负值,向前为正值。记录以厘米为单位,保留一位小数。测试两次,取最好成绩。

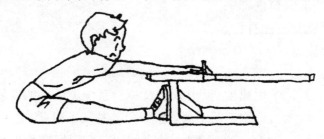

图2—11 坐位体前屈测试

4.注意事项。身体前屈,两臂向前,推游标时两腿不能弯曲。

(八)握力

1.测试目的。测试学生上肢肌肉力量的发展水平。

2.场地器材。电子握力计或合格的弹簧式握力计。

3.测试方法。受试者两脚自然分开成直立姿势,两臂自然下垂。一手持握力计全力紧握(此时握力计不能接触衣服或身体),记下握力计指针的刻度(或握力器所显示的数字)。用有力(利)手握两次,取最大值,以公斤为单位,测试时保留一位小数。

4.注意事项。保持手臂自然下垂姿势,手心向内,握力时不能触及衣服或身体。

(九)50米×8往返跑

1.测试目的。测试学生速度、灵敏及耐久力的发展水平。

2.场地器材。50米跑道若干条,道宽2～2.5米,地面平坦,地质不限。在起(终)点线前0.5米和49.5米处各立一标杆,杆高1.2米以上,立于跑道正中,如图2－12所示。秒表若干块,使用前校正,要求同50米跑。

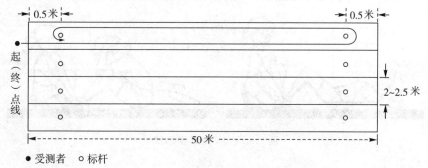

图2－12 50米×8往返跑场地示意图

3.测试方法。受试者至少两人一组进行测试,用站立式起跑。当听到"跑"口令后开始起跑,往返四次。往返跑时顺逆时针方向绕过标杆,不得碰扶标杆,不得串道。测试人员发出"跑"口令的同时开表计时。当受试者躯干部到达终点线的垂直面时停表,以分、秒为单位记录成绩,不计小数。

4.注意事项。

(1)测试人员应向受试者报告剩余往返圈数,以免跑错距离。

(2)测试人员应告诉受试者在跑完后应继续走动,不要立刻停下,以免发生意外。

(3)受试者不得穿皮鞋、塑料凉鞋、钉鞋参加测试。

(4)对分、秒进行换算时要细心,防止差错。

(十)800米跑(女)或1000米跑(男)

1.测试目的。测试学生耐力素质的发展水平,特别是心血管呼吸系统的机能及肌肉耐力。

2.场地器材。400米、300米、200米田径场跑道,地质不限。也可使用其他不规则场地,但必须丈量准确,地面平坦。发令旗一面,秒表若干块,使用前需要校正,要求同 50 米跑。

3.测试方法。受试者至少两人一组进行测试,站立式起跑。当听到"跑"的口令后开始起跑。计时员看到旗动开表计时,当受试者的躯干部到达终点线垂直面时停表。

注意事项和成绩记录方法同 50 米×8 往返跑。

(十一)仰卧起坐

1.测试目的。测试学生腹肌耐力。

2.场地器材。垫子(或代用品)若干块,并铺放平坦。

3.测试方法。受试者全身仰卧于垫上,两腿稍分开,屈膝呈 90°左右,两手手指交叉贴于脑后。同伴压住其踝关节,以便固定下肢。受试者起坐时两肘触及或超过双膝为完成一次。仰卧时两肩胛必须触垫,如图 2—13 所示。测试人员发出"开始"口令的同时开表计时,记录 1 分钟内完成次数。1 分钟到时,受试者虽已坐起,但肘关节未达到双膝者不计该次数,精确到个位。

图 2—13　仰卧起坐测试

4.注意事项。

(1)如发现受试者借用肘部撑垫或臀部起落的力量起坐时,该次不计数。

(2)测试过程中,观测人员应向受试者报数。

(3)受试者双脚必须放于垫上。

□思考题

1.什么是健康?列举人体健康的 10 个标志。

2.进行空气浴、冷水浴、日光浴的方法是什么?

3.吸烟、酗酒对人体有哪些危害?

第三章 运动与保健知识

☐ 学习目标

1. 了解按摩的一般手法。
2. 对运动中出现的生理反应能及时处理。

第一节 运动保健与按摩

一、按摩

按摩亦称"推拿",它是运用各种不同的手法或器械作用于人体,以提高人体机能,消除疲劳和防治伤病的一种手段。按摩简便易行,不需要特殊设备,对体育教学与训练都有较高的实用价值。

(一)按摩的作用和注意事项

1. 按摩的作用。按摩是通过各种手法的物理刺激,对神经系统起兴奋或抑制作用,通过神经反射调节各器官系统的功能。不同的按摩手法有不同的作用,同一按摩手法,由于运用方式不同,作用也不同。一般地说,缓慢而轻且按摩时间较长的手法,有镇静作用;急速而重且按摩时间较短的手法,则起兴奋作用。如轻推和擦摩可起镇静作用,叩打和抖动则有兴奋作用。

按摩可以引起周围血管扩张,降低大循环中血流阻力,加速静脉和淋巴的回流,调整肌肉和内脏的血流量,以适应肌肉紧张工作时的需要。按摩后可使白细胞的吞噬能力提高,增强抗病能力。

此外,运动前按摩可增强肌力,增加肌肉、肌腱和韧带的弹性,预防损伤;运动后按摩可以减轻以至消除肌肉酸痛和疲劳。它不仅对体育运动有实际意义,而且还能减轻因伤病或骨折固定过久以致对关节、韧带、肌肉、肌腱等造成的不良影响。

2. 按摩的注意事项。

(1)按摩者的手应保持清洁、温暖,指甲要勤剪,接触被按摩者皮肤要使其有舒适感。

(2)为了按摩的顺利进行并收到良好的效果,按摩者和被按摩者所采取的姿势和方位必须适宜,要便于按摩者操作和被按摩者充分放松。

(3)按摩方向一般应顺着淋巴流动的方向,如图3-1所示,淋巴结部位不宜按摩。

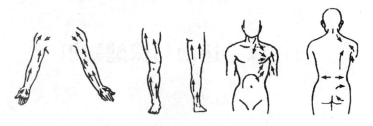

图3-1 四肢及躯干按摩方向

（4）有下列情况者不宜按摩：有出血倾向、皮肤病、不明肿物及新伤等。

闭合性损伤的急性期、骨折和关节脱位早期不宜按摩，女性月经期不能做腹部按摩。

（二）按摩的一般手法

按摩的手法很多，这里只介绍用于促进循环代谢、放松、调节机能状态及消除疲劳的一般按摩手法。

1. 推摩。推摩是以手指、手掌或全手贴于皮肤上，沿淋巴液流动的方向推动，根据用力轻重不同分为轻推和重推两种。如图3-2所示。

推摩有镇静、加速淋巴液回流、散淤消肿并使局部升温的作用。多在按摩的开始及变换手法时交替使用。

2. 擦摩。擦摩是用脂腹、鱼际或掌根贴于皮肤上，做直线往返摩擦。如图3-3、3-4、3-5所示。

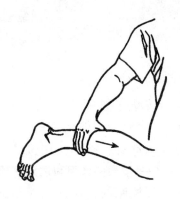

图3-2 推摩

  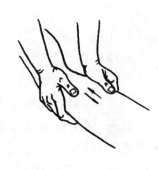

图3-3 指腹擦摩　　　图3-4 掌根擦摩　　　图3-5 大鱼际擦摩

擦摩的作用是加强局部循环和使局部升温等，多用于四肢关节和腰背部等。

3. 揉。揉是用拇指腹、鱼际或掌根贴于皮肤上，做轻快而柔和的回旋动作，并带动该处的皮下组织。如图3-6所示。

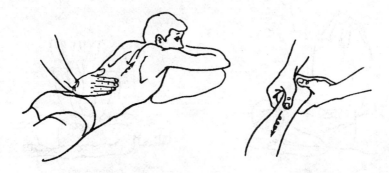

图 3-6 揉法

轻揉有镇静、止痛、松解粘连、软化疤痕、促进血液循环和新陈代谢的作用,适用于全身各部分,是按摩关节的主要手法之一。

4.揉捏。揉捏是四指并拢,拇指外展,手成钳形,拇指与其他四指相对用力,将肌肉捏住并轻轻上提,拇指着重圆形揉动,四指着重捏,同时向前移动或不移动,做连续揉捏动作,作用力达肌肉,可单手也可双手并排进行。如图 3-7 所示。

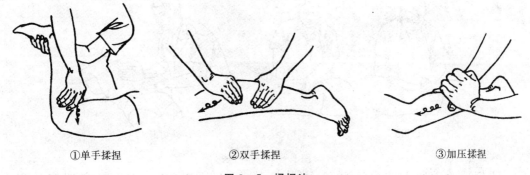

①单手揉捏　　　　　②双手揉捏　　　　　③加压揉捏

图 3-7 揉捏法

5.搓法。搓是两手相对,贴在被按部位的两侧,双手相对用力,并做相反方向的连续搓动,动作要轻快、协调,用力要均匀。如图 3-8 所示。

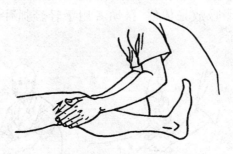

图 3-8 搓法

6.按压。按压是用拇指腹或手掌、单手或双手并列,重叠或相对,贴于被按摩部位,按压力量由轻到重,再由重到轻,作用力达关节肌肉等。如图 3-9 所示。

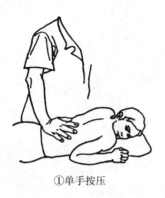
①单手按压

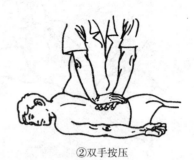
②双手按压

图3—9 按压法

按压可使肌肉放松，消除疲劳和酸痛，使轻微错动的骨关节复位，也有舒筋活血、消肿止痛、平复损伤软组织的作用。常用于腰背、肩、颈、臀及四肢肌肉关节等。

7. 叩打。叩打是两手张开或半握拳，用其拳侧或掌侧交替叩打被按部位，叩打时手指手腕尽量放松，发力在肘，用力应均匀。如图3—10所示。

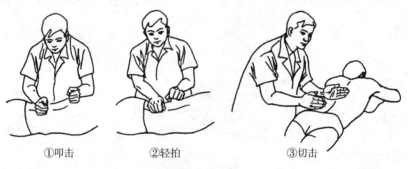

①叩击　　②轻拍　　③切击

图3—10 叩打法

叩打能改善肌肉的血液循环，消除疲劳，缓解肌肉酸痛，调节神经肌肉的兴奋性，多用于腰、背、臀、肩及下肢肌肉丰厚处。

8. 抖动。抖动手法可分肌肉抖动与肢体抖动两种。

肌肉抖动时被抖动者取放松体位，抖动者用手轻轻抓住被抖肌肉，做快速、短时抖动。如图3—11①所示。

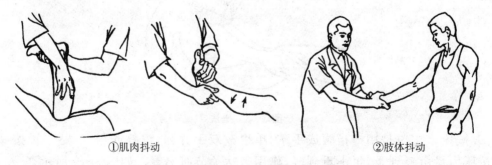

①肌肉抖动　　　　　　②肢体抖动

图3—11 抖动法

肢体抖动时，双手握住被抖动者肢体末端，做上下或左右反复抖动，用力要适当，速度可先慢而渐快，后再慢。如图3—11②所示。

9.运拉。运拉是用一手握住被运拉者关节的近侧端,另一手握其关节远侧端,根据关节的运动范围,使关节做被动活动。如图 3—12 所示。

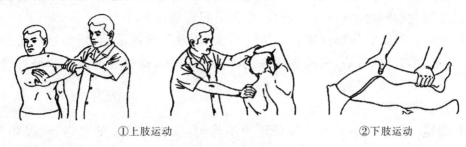

①上肢运动　　　　　　　　　　②下肢运动

图 3—12　运拉法

运拉能牵拉关节周围的肌肉、肌腱、关节囊及韧带,增强其柔韧性,加大关节的活动范围。常用于四肢肌肉、关节的按摩之后。

以上手法可在训练或练习的结束部分或结束后使用,以帮助运动员消除疲劳、恢复体力。

按摩部位应根据运动项目特点和疲劳情况而定,一般是按摩运动负担量最大的部位,当极度疲乏时可用全身按摩。

一般以轻推摩开始,关节和躯干部以揉为主,四肢肌肉以揉捏为主,穿插使用其他手法。肌肉放松以后可使用搓、抖动,最后以运拉和轻推摩结束。

以上手法用于治疗运动损伤时,应注意力量由轻到重,时间由短到长,并可配合使用穴位按摩及治疗按摩的基本手法。

第二节　体育运动中的医务监督及运动处方

一、医务监督

在体育运动中,由于运动不合理或者运动中、运动后产生异常现象若不及时纠正或处理不当,不仅不能收到预期的效果,还会影响身体健康,严重者可能发生伤残事故,因此必须十分重视医务监督。

(一)运动中常见的生理反应

在体育运动中,人体承受较大的生理负荷,如果人体的生理平衡受到暂时性破坏,并出现某些生理反应,称为"运动生理反应"。常见的运动生理反应及处置方法如下:

1.肌肉酸痛。

(1)原因。多数是由于平时缺乏锻炼或运动量过大时,肌肉运动中产生的酸性废物来不及排出,引起肌肉酸痛。

(2)预防及处置。要做好准备活动,开始时运动强度较小,以后逐渐增加,锻炼后及时放松。对于酸痛现象,可采用局部按摩、热敷或擦松节油,促进循环,缓解酸痛,同时还应注意运动负荷的增减。

2. 运动中腹痛。

(1) 原因。准备活动不充分,或剧烈运动时强度大,膈肌运动异常,血液瘀积在肝脾两区,引起肋间疼痛,或饮食不当,紧张引起胃肠痉挛等。

(2) 预防与处置。运动前不宜大量进食饮水,做好准备活动,增加运动负荷要注意循序渐进。如产生腹痛,可适当减慢跑速,加深呼吸,揉按疼痛部位或略弯腰慢跑一段,严重者应停止运动。

3. 肌肉痉挛(抽筋)。

(1) 原因。肌肉突然猛烈收缩或用力不均匀,或受到过冷的水温、气温刺激,或极端疲劳,血液中电解质失去平衡。

(2) 预防与处置。对易发生肌肉痉挛的部位充分做好准备活动,运动时注意保暖,不过度疲劳,适当补充含盐饮料,对痉挛部位进行按摩与强制牵拉,同时点委中、承山、涌泉穴位,解除痉挛。

4. 极点和第二次呼吸。

(1) 原因。剧烈运动初期会出现下肢回流血量减少,大脑氧债不断积累,一定程度后,出现胸闷、呼吸急促、下肢沉重、恶心、呕吐等现象。如果坚持下去随着极点的消失和运动能力的提高,出现第二次呼吸。

(2) 预防与处置。加强体育锻炼,提高机体对运动的适应性,当极点出现时,减少运动负荷并加深呼吸。

5. 运动性昏厥。

(1) 原因。运动时,脑部供血不足,出现一时性知觉丧失现象,症状为面色苍白、呼吸缓慢。

(2) 预防与处置。防止过度疲劳,出现症状时,应平卧,双脚高于头部,向心推摩,也可点按人中、合谷穴,如出现呼吸障碍,应进行人工呼吸并送医院就诊。

(二) 科学合理地锻炼身体

1. 锻炼要持之以恒。体育锻炼要持之以恒、张弛有度,不能一曝十寒,否则根本收不到效果。

2. 符合实际,量力而行。锻炼要适合各人年龄、性别和健康状况,才能获得预期效果。

3. 锻炼要循序渐进。锻炼过程与结果取决于适度性和系统性,因此要从实际出发,有步骤、有计划地循序进行。

4. 每次锻炼前要做准备活动,锻炼后要做整理活动。做好准备活动,能使神经系统、内脏器官和运动器官适应运动,避免出现伤害事故。做好整理活动有助缓解疲劳。

(三) 运动损伤的预防与处置

1. 软组织损伤。

(1) 擦伤。小面积擦伤,用红药水涂抹伤口;大面积擦伤,先用生理盐水洗净,擦红药水,再用消毒纱布覆盖包扎。

(2)撕裂。分开放伤和闭合伤,轻度开放伤用红药水涂抹,裂口大及重度可见皮下凹陷,送医院就诊。

(3)肌肉损伤。致伤后,轻者冷敷,局部加压包扎;严重者,加压包扎送医院诊治。

2.关节、韧带扭伤。

(1)急性腰伤。轻度者,轻揉按;重症者应立即平卧,腰垫枕头放松腰肌,处理后送医院就诊。

(2)踝关节扭伤。立即冷敷,凉水冲洗。

(3)骨折、关节脱位。应采用夹板固定伤肢,送医院就诊。

(四)自我医务监督

1.主观感觉法。可根据自己主观感觉,从食欲与睡眠、排汗量等方面,完整记录、分析。

2.客观检查法。一般测定心率、体重、学习成绩几方面指标,在实践中,可按实际情况分别选用,也可以肺活量、呼吸频率、血压、女生月经情况等作为参考指标。

自我医务监督的关键在于把主观感觉和客观检查的结果进行综合分析。

二、制定运动处方

运动处方类似医生给病人开的医药处方,是指针对个人身体状况而采用的一种科学的、定量化的体育锻炼方法。运动处方的特点是因人而异、对症下药。可以避免不合理的运动损害身体,更好地达到健身和防治疾病的目的;可以吸引更多的人参加运动,促进体育锻炼的普及和科学化。

运动处方的种类很多,对象广泛。以提高机体健康及体能为目的的,称健身运动处方;以中老年人为对象的,称预防性运动处方;以某些慢性病患者、某些急性病和创伤的康复患者为对象的,称治疗性运动处方。此外,还有针对竞技运动员的,称竞技运动处方。本节主要介绍健身运动处方。

健身运动处方的制定是按照图3-13所示的程序进行的,包括:健身检查与体力测定、制定运动处方、实施体育锻炼和锻炼效果评定等主要步骤。而制定运动处方中又包括设置目标、重视准备活动、确定锻炼模式和注意整理活动4个环节。

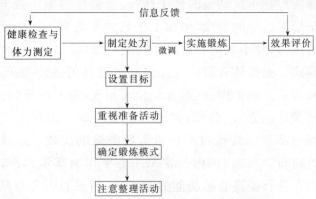

图3-13 健身运动处方的制定及实施步骤

（一）健康检查与体力测定

1. 健康检查。健身运动处方的制定是基于充分考虑人的健康状况的，因而制定前，首先要对实施体育锻炼的人进行必要的健康检查，如果有病，应先治病，或按治疗性运动处方进行体育锻炼，这时应与医生密切合作。

健康检查包括门诊和临床检查。门诊内容包括病史、运动史、现在的健康状况等，临床检查的项目以血液循环系统为主，如心电图、血压、血液、尿等。

2. 体力测定。体力测定的目的是了解被测定者的体力状况，在制定处方时，体力差别应成为最重要的考虑点之一。

目前国内外较为流行并很实用的体力测定法是由美国医生库珀设计编制的12分钟跑测定法，测定在12分钟内能够跑完的最大距离，以此来推断锻炼者的有氧工作能力（全身耐力水平）和锻炼水平。在体育锻炼中，这是一种有效的练习手段。国外的研究结果表明，根据12分钟跑的成绩，还可以推算个人的最大吸氧量水平。

12分钟跑测验最好在400米的田径场上进行，要求测试前做好充分的准备工作，测试时竭尽全力快跑，然后测出12分钟内所跑的距离，即为测验成绩。

体力测试后，把自己所测的12分钟跑的距离与12分钟跑测验评价标准进行对照，就可以找到自己对应的体力等级，这是制定运动处方的可靠依据。

（二）运动处方的制定

制定运动处方包括设置目标、重视准备活动、根据体育锻炼的原则确定锻炼模式、注意整理活动及效果检测与反馈等。

1. 设置目标，选择有效的运动项目。确定短期和长期目标。目标能促使你去实施某一个锻炼方案，而达到目标后又能进一步提高你的自信心，从而激励你终身从事有规律的体育锻炼。

设置个人锻炼目标最重要的原则是目标必须是现实的。要设置一些你能达到的锻炼目标。当达到某个锻炼目标后，再设置一个新目标。在选择一项适合自己的运动项目作为锻炼方式时应考虑运动的适用性和受伤的危险性。

2. 重视准备活动。准备活动是在锻炼前进行的短暂的练习活动（5～15分钟）。准备活动的内容通常包括小运动量的健美体操、低强度的跑步或伸展性练习等。做准备活动的目的是提高肌肉的温度，增加工作肌的血流量。准备活动还可降低大运动量锻炼对心脏的压力、减小肌肉和肌腱受伤的可能性。

3. 确定锻炼模式。根据体育锻炼的原则确定适宜的运动负荷，运动时的练习负荷包括运动强度和运动量两个因素，两者是相辅相成，密不可分的。

锻炼模式包括锻炼的方式、频率、强度和持续时间。锻炼方式是指个体从事某种专门性的身体练习活动。锻炼频率是指每项锻炼的次数。运动强度是指锻炼的人体承受的生理负荷量。目前，国内外常采用心率作为衡量标准，强度与心率大体成正比关系。因而在进行提高心肺功能的锻炼时，测量心率是判断运动强度的标准方法。

锻炼模式中的另一个重要组成部分是锻炼的持续时间,即用在主要锻炼内容上的总时间。研究表明,要想有效地提高体能水平,每次锻炼至少需要 20~30 分钟,每周至少锻炼 3 次。

很多运动项目如球类运动、跑步、游泳等的运动量可以用时间来体现,运动需要的时间是指给予心脏适宜刺激所需要的时间。一次运动需要的时间应根据运动强度、身体状况等条件来决定,一般而言,强度较大的运动持续时间短,轻微的运动持续时间长。按健身运动的要求,运动时间不能少于 5 分钟,一般控制在 15~60 分钟。

关于适宜心率的确定,我国健身运动常用的一个公式是:

$$180-年龄=运动时间适宜心率$$

达到适宜心率的运动时间至少在 5 分钟以上,才能收到显著效果。一般年龄和体质好的人选择强度大、持续时间短的练习,中老年人及体弱者选择强度小而持续时间较长的练习(见表 3—1)。

表 3—1　运动时间及运动强度参考表

运动负荷	运动时间(分钟)				
	5	10	15	30	60
	运动时强度占最大强度的比例(%)				
小	80	65	60	50	40
中	80	75	70	60	50
大	90	85	80	70	60

另外,以减肥为目的进行运动时,为了更多地消耗热量,往往需要延长运动时间,因此,采用中小强度较长时间的运动负荷进行有规律的体育锻炼效果较好。

4.注意整理活动。整理活动是在主要锻炼阶段结束后立即进行的 5~15 分钟的低强度练习。整理活动能达到几个目的,如图 3—14 所示:首先,整理活动可以使血液从肌肉返回心脏,锻炼停止后,防止头晕或昏倒。最好的办法是使工作肌进行低强度练习。其次,整理活动能减少因运动引起的肌肉酸痛的程度。最后,整理活动有助于体温逐渐降低。

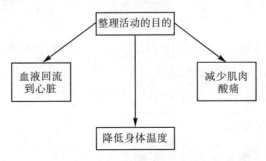

图 3—14　整理活动的目的

(三)运动频率

即每日每周进行锻炼的次数。一般每日或隔日运动一次,但应视运动负荷的大小而定。运动负荷较大时,休息间隔时间稍长些,重要的是养成经常锻炼的习惯。

表 3—2 健身运动处方(示例)

姓名		性别		年龄		指导医生或教师			(签字)	
健康检查	病史及运动史									
	身高		厘米		体重		kg		安静脉搏	次/分钟
	血压	收缩压		尿检查			尿蛋白		心电图检查	
		舒张压					尿糖			
体力检查 (12分钟跑)	第一次		测试日期		月	日	测试距离	m	体力评价 (等级)	
	第二次				月	日		m		
运动处方	体育锻炼内容		运动强度(脉搏 次/分钟)				一次运动时间		一周锻炼次数	
			安全界限		效果界限					
	1. 2. 3.									
	百分比运动强度 (脉搏数)	最大脉搏数: 次/分钟 80%强度 次/分钟 70%强度 次/分钟 60%强度 次/分钟 50%强度 次/分钟				最大脉搏数计算方法: $b=210-0.8x$ (其中,b 为最大脉搏数,x 为年龄) 百分比强度脉搏数计算方法: $Q=(b-a)y+a$ (其中,Q 为该百分比强度脉搏数,b 为最大脉搏数,a 为安静脉搏数,y 为百分比运动强度)					
备注										

第三节 常见运动损伤的处理方法

一、概述

运动损伤是指在体育运动过程中发生的各种损伤。运动损伤学是运动医学的重要组成部分,它研究运动损伤的预防、治疗和康复。通过总结运动损伤发生的原因、治疗效果和康复时间等,以改善运动条件,改进教学和训练方法,提高运动成绩。

二、运动损伤的分类

常用的运动损伤分类方法有以下几种:

(一)按受伤的组织结构分

如皮肤损伤、肌肉与肌腱损伤、关节损伤、滑囊损伤、骨损伤、骨骺损伤、神经损伤和内脏损伤等。

(二)按伤后皮肤或黏膜完整性分

1. 开放性损伤。伤处皮肤或黏膜的完整性遭到破坏,有伤口与外界相通。如擦伤、刺伤、裂伤及开放性骨折等。

2. 闭合性损伤。伤处皮肤和黏膜仍保持完整,无伤口与外界相通。如挫伤、肌肉拉伤、关节扭伤、腱鞘炎与闭合性骨折等。

(三)按损伤病程分

1. 急性损伤。指一瞬间遭受直接暴力或间接暴力造成的损伤。

2. 慢性损伤。指局部过度负荷、多次微细损伤积累而成的劳损,或由于急性损伤处理不当转化而来的陈旧性损伤。

三、运动损伤的预防原则

(一)积极开展预防运动损伤的思想教育

加强思想教育,首先是加强体育运动的目的性教育。在教学、训练中,认真贯彻预防为主的方针,把安全教育作为备课的一项重要内容。

(二)加强身体全面训练,提高机体对运动的适应能力

对不同的运动项目要注意加强易伤部位及薄弱部位的训练,提高机能,这是预防运动损伤的一种积极手段。

(三)合理安排教学、训练和比赛

教学、训练计划的制定应合乎科学原则。教师应认真钻研教材,充分了解每次教学、训练内容中易发生损伤的技术动作,事先做好准备及采取相应措施,教学时倍加注意。要重视准备活动,内容和量应根据所要进行活动的性质、运动者的个别情况及天气条件而定。准备活动时间以 1~4 分钟为宜,一般做到身体发热,微微出汗即可,冬天量可大些。要合理安排运动量,尤其要注意运动器官的局部负担量和伤后训练问题,防止局部负担过重。

(四)加强运动中的保护

体育运动参加者应学会自我保护的方法,如自高处落地时必须双腿屈膝并拢;当重心不稳快摔倒时,立刻低头,屈肘团身,以肩背着地顺势翻滚,切忌直臂撑地。

(五)加强医务监督,建立和健全自我监督制度

严格实施场地、设备卫生监督,场地、器械和防护用品要定期进行卫生安全检查,对已损坏的场地、器械应及时维修,维修前一律禁止使用。禁止穿不合适的服装(包括鞋)进行活动。

四、常见运动损伤

(一)擦伤

体表面与粗糙的物体相互摩擦而引起的皮肤表层损害,称为擦伤。主要征象为表皮脱落,有小出血点和组织液渗出。伤口无感染则易干燥结痂;伤口有感染,则局部可发生化脓、有分泌物。小面积的擦伤,用1%～2%龙胆紫涂抹;面部的擦伤宜涂抹0.1%新洁尔灭溶液。擦伤面积大,伤口深,易受感染,需用2.5%碘酒和75%酒精在伤口周围消毒,用生理盐水棉球清除伤口异物,外敷1%雷弗奴尔,再用绷带包扎。感染的伤口应每日或隔日换药。

(二)挫伤

1. 发生挫伤的原因。首先是运动前准备活动做得不够,肌肉关节没有得到充分活动;其次是活动时用力过猛,超过了肌肉、关节、韧带的负荷限度;再次是参加活动的人员过于拥挤或没有按正确的方法进行。另外,还有场地不平或器械设备不安全以及没有做好保护工作等原因。

2. 挫伤的处理。根据情况及时处理:如果皮肤出血,立即停止运动,先用酒精或碘酒将伤口消毒,用净布包扎;如果受伤部位红肿疼痛可先用冷水或冰进行局部冷敷,抬高伤肢,必要时加压包扎,防止继续出血。24小时以后改用热敷、按摩,以活血、消肿、止痛。经过治疗待伤势减轻以后做针对性的活动,使关节、肌肉借以恢复功能,如做下蹲、弯腰、举腿等,避免伤后关节不灵或发生肌肉萎缩。

(三)肌肉损伤

1. 发生肌肉损伤的主要原因。准备活动不充分;肌肉的生理机能尚未达到剧烈活动所需的状态就参加剧烈活动;体质较弱,运动水平不高,肌肉的弹性、伸展性和力量较差,疲劳过度;运动技术水平低,姿势不正确,动作不协调,用力过猛,超过了肌肉活动范围;气温过低,场地太硬等。

2. 肌肉损伤的治疗。要根据具体情况而定。少量肌纤维断裂者,应立即采取冷敷,局部加压包扎,包扎后立即抬高患肢。肌肉大部分或完全断裂者应采用加压并立即送医院进行手术缝合。

(四)关节、韧带损伤

关节、韧带损伤后,一般表现为压痛,自感疼痛,轻者发生韧带部分纤维的断裂,重者则韧带纤维完全断裂,引起关节半脱位或完全脱位,同时可能合并关节囊滑膜和软骨损伤等病症,关节功能发生障碍。

发生关节、韧带扭伤应在24小时内采用冷敷,必要时加压包扎;24小时后采用理疗、热敷、按摩、针灸治疗。待疼痛减轻后可增加功能性练习。对急性腰部损伤,如果出现剧烈疼痛则不可轻易处理,可让患者平卧,并用担架送医院就诊。

(五)骨折

骨折可分完全性骨折(骨完全断裂)和不完全骨折(骨未完全断裂,如裂缝性骨折)。骨折是运动中一种比较严重的损伤。骨折后的症状主要是:肿胀和皮下淤血,因骨折处血管破裂骨膜下出血以及周围软组织损伤所造成。

一旦出现骨折,暂勿随意移动患肢,应立即进行急救,先用夹板或其他代用品固定伤肢,动作要轻巧、缓慢,不要乱拉乱拽,以免造成错位,影响康复。如果是上肢骨折,可用一个长40厘米、宽6厘米的木板托住伤肢,用绷带扎紧骨折处的上、下两端。如果是下肢骨折,先将伤腿轻轻放好,然后用宽布条或褥单将两条腿缠在一起,慢慢抬上硬板担架上,送往医院救治。如果是头部、颈部或脊柱骨发生骨折,运送时更要小心,以免损伤神经和脊髓,造成肢体瘫痪。搬运时,头部用枕头或衣服塞紧,防止移动,固定好以后,病人不要扭动肢体。在送医院的途中也要迅速、平稳。

□**思考题**

  1.按摩的手法有哪几种?
  2.简述运动损伤的种类。

中篇 发展运动能力篇

第四章 基本运动能力

□ **学习目标**

1. 掌握发展快速跑、耐力跑、跳跃和投掷能力的健身方法。
2. 培养增强身体各部分肌肉力量和灵敏、协调、柔韧等身体素质。
3. 培养勇敢、顽强的意志品质。

第一节 快速跑

一、短距离跑

短距离跑是用最快的速度跑完规定的距离,时间短、强度大,是发展快速奔跑能力的有效手段。快速跑的整个动作技术分为起跑和起跑后的加快跑、途中跑、终点冲刺几个部分。

(一) 起跑

起跑是使身体在极短的时间内,迅速摆脱静止状态,获得最大的初速度和向前的最大冲力,为起跑后发挥速度创造条件。

起跑技术包括"各就位"、"预备"、"跑"三个环节。

《田径运动竞赛规则》规定400米和400米以下各项目中,均采用蹲踞式起跑。

动作要领

1. 起跑器的安装。常见的起跑器安装方式有两种,如图4—1所示。

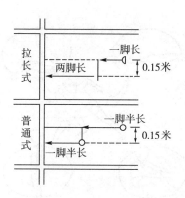

图 4-1

前起跑器的抵足板与地面的夹角成 40°~50°,后起跑器的抵足板与地面的夹角成 70°~80°,两只起跑器之间距离约 15 厘米。安装起跑器(或挖起跑穴)应从运动员的实际情况出发,以能发挥最大肌肉力量、获得最大起跑冲力、全部动作舒适和放松为原则。

2.当听到"各就位"的口令后,从容地走到起跑器(穴)前,两脚依次蹬上起跑器,后腿膝盖跪地,两臂伸直,两手的拇指与食指张开撑于起跑线后约与肩宽,肩稍上移,与起跑线垂直或超过起跑线。如图 4-2①所示。

3.听到"预备"口令时,后腿膝盖离地,臀部慢慢抬起稍高于肩,身体重心慢慢前移,脚掌压蹬起跑器,注意力集中听"跑"的信号。如图 4-2②所示。

4.听到"跑"的信号后,两手迅速推离地面,两臂积极前后摆动,两脚用力蹬离起跑器,后腿迅速向前抬起,前腿充分蹬直,身体较大程度前倾并向前跑出。如图 4-2③所示。

①各就位　　②预备　　③跑

图 4-2

练习方法

1.学习安装起跑器或挖起跑穴的方法。

2.在教师的统一口令(信号)下体会"各就位"、"预备"动作。

3.在教师的统一口令(信号)下完成蹲踞式起跑动作。

4.按教师发出的不同信号做相互追逐跑的游戏。

5.身体成各种姿势,听信号后迅速起跑(锻炼快速反应能力)。如图 4-3 所示。

6.分组在起跑器上,练习起跑动作。

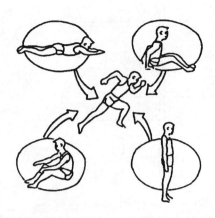

图 4-3

(二)起跑后加速跑

起跑后加速跑发生在前脚蹬离起跑器到进入途中跑之前这一段距离(通常在 20~25 米左右),其任务是在最短的距离内发挥出较快的速度。它对全程跑起着重要的作用。

动作要领

起跑后第一步不宜过大,落地不要有任何停顿,当前腿髋、膝、踝三关节伸直蹬离起跑器时,后腿已由前摆转入积极下压,并在靠近身体重心投影点的地方着地,完成第一步动作。加速跑时,后腿加速,有力摆动,前腿积极下压,用前脚掌着地,两臂屈肘,配合两腿快速有力地前后摆动。起跑后的加速跑特点是上体前倾角度大,步频快,步幅逐渐加大,速度不断加快,上体逐渐抬起,转入途中跑。如图 4-4 所示。

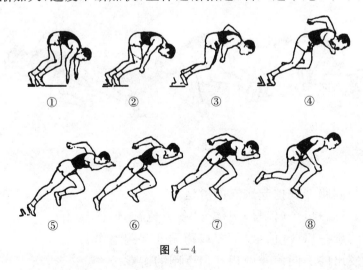

图 4-4

练习方法

1.原地站立,上体逐渐前倾,直到不能维持身体平衡时,顺势用力快速向前跑出。

2.利用起跑器或起跑穴反复练习起跑后加速技术 30~40 米。

3.双人练习,用拉胶皮带或绳的方法,练习起跑后疾跑。也可一人推练习者肩部,帮助其体会起跑后加速跑动作。如图4—5所示。

4.起跑和起跑后加速跑20～25米,过渡到途中跑50～60米。

图4—5

5.分组比赛,起跑后加速跑30米。

(三)途中跑

途中跑的主要任务是发挥和保持最高速度,并尽可能保持最快速度跑到终点。

动作要领

途中跑的完整动作是由上肢动作、下肢动作、躯干和头部姿势等组成,跑时,后蹬腿的髋、膝、踝三关节充分伸展,完成快速有力后蹬、髋部前送动作。后蹬腿蹬离地面后,小腿随惯性折叠,大腿积极向正前上方摆动,并把同侧髋带出,当大腿摆到最高点时,小腿与后蹬腿几乎平行,紧接着大腿积极下压,小腿随惯性向前、向下、向后摆动。落地时,脚尖正直,用前脚掌做"扒"地动作。脚着地后,为了减小着地时的支撑反作用力,膝关节随之微屈迅速缓冲,使身体重心很快前移并超过支撑点而转入后蹬,上体正直稍前倾,两臂以肩为轴放松而有力地前后摆动,大小臂约为90°角。如图4—6所示。

图4—6

练习方法

1. 途中跑的专门练习。

(1)小步跑。上体正直,头部自然放松,两眼平视前方,大腿抬起与水平线约成35°～45°。膝关节放松,大腿积极下压,小腿靠惯性前伸,脚掌积极"扒地",脚尖缓冲着地,两臂前后自然摆动。如图4－7所示。

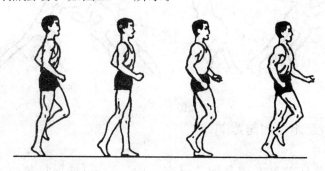

图4－7

(2)高抬腿跑。高抬大腿时,上体微微前倾,大腿尽量抬起与地面平行,支撑腿蹬地要充分伸直。如图4－8所示。

图4－8

(3)后蹬跑。前摆时,大小腿折叠,膝关节积极前顶;后蹬时,髋、膝、踝三关节伸直,上下肢协调配合。如图4－9所示。

图4－9

2. 听教师的统一节拍做摆臂练习,动作由慢到快。如图4－10所示。

3. 增加步频的练习:加速跑、行进间跑、顺风跑、下坡跑、追逐跑、测验跑。

4. 跑的能力的练习:反复跑、中速跑。

图4－10

(四)终点冲刺跑

终点冲刺跑是全程最后一段距离的跑(100米、200米为最后15~20米,400米为最后40~50米)。由于体力消耗和疲劳的出现,终点冲刺跑阶段出现速度下降现象。因此,终点冲刺跑的任务是减小速度下降的幅度,尽量保持高速度跑过终点。

动作要领

终点冲刺跑技术与途中跑技术基本相同,由于疲劳出现,此时应保持上体前倾的姿势(防止后仰),加快后蹬和两臂摆动(防止跑的动作变形)。在跑至终点大约2米处,躯干迅速前倾用胸部撞线,并跑过终点,逐渐减慢跑速。如图4-11所示。

图4-11

练习方法

1. 在走或慢跑中,做双臂后摆、上体前倾撞线动作的模仿练习。
2. 在走或慢跑中,当离终点线一步时,双臂后摆,上体前倾做撞线动作。
3. 中速跑或快速跑30~40米,离终点线前一步时,双臂后摆,上体急速前倾做撞线动作。
4. 100米全程跑。

二、接力跑

(一)常规接力跑

接力跑是田径运动中一项集体配合的径赛项目。它既能培养相互配合、紧密协作的团队精神,又能发展快速奔跑能力。接力跑的跑进动作技术,基本同于快速跑,只是要在快速跑进过程中完成传递接力棒的任务。接棒的方法有两种,一是"下压式",二是"上挑式"。接力跑时,要求各棒队员之间协调配合,保证在快速跑进中完成传、接棒。

动作要领

1. 传棒人起跑。第一棒通常采用蹲踞式起跑,用右手的中指、无名指和小指握住棒的末端,用大拇指和食指分开撑地,接力棒不得触及起跑线或起跑线前的地面。弯道起跑,起跑器的安装应靠近跑道外沿,正对弯道切点,起跑技术和快速跑技术相同。如图4-12所示。

图 4—12

2. 接棒人起跑。第二、三、四棒队员用站立式或一手撑地的半蹲踞式起跑姿势起跑。如图 4—13 所示。

图 4—13

3. "下压式"传接棒。传接棒时,接棒人将手臂后伸,手腕向后向上屈,手掌心向上,四指并拢,虎口张开朝后,传棒人持棒臂前摆时稍上举,由上向前下方将棒的前端放入接棒人手中。如图 4—14 所示。

图 4—14

优点:任何一棒人都可以在接棒后握住接力棒的后端,充分利用两人手臂的长度。缺点:接棒人后伸的动作如果紧张不自然,传接棒时就容易滑落。

4. "上挑式"传接棒。接棒人手臂自然向后伸出,掌心向下,四指并拢,虎口张开向前,传棒人将棒由下向前上方送入接棒人的手中。如图 4—15 所示。

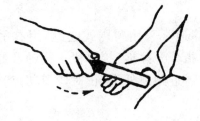

图 4—15

优点:接棒人向后伸手时,动作比较自然,易于掌握。缺点:接棒人必须手靠近手地接棒,这样不但容易掉棒,而且棒的前端越来越短,对下棒次的传棒不利。

5.传接棒的配合。接棒人站在接力区后端,看到传棒人跑到距接棒人大约4～5米时,接棒人立即快速起跑,传棒人继续保持快速跑进,当距接棒人1.50米左右时,便立即向接棒人发出信号"嗨"或"接",接棒人应在不减速情况下向后伸出手臂接棒,在接力区内完成接棒。如图4—16所示。

图4—16

练习方法

1.原地传接棒练习。学生成2列横队,左右间隔为2米,前后相距为1米左右,原地摆臂,按教师信号做传接棒练习。

2.在慢跑或中速跑中做传接棒练习。练习队形同上,但前后相距5～10米,按同伴信号做接棒练习。

3.在快速跑中进行传接棒练习。

4.中速跑或快速跑,在接力区内传接棒(两棒、两棒配合)。

5.用游戏的方法进行接力比赛。

6.全程接力比赛。

(二)迎面接力跑

迎面接力跑是接力跑的一种,在教学中作为一种游戏方法常被教师采用。

迎面接力跑传、接棒的方法也有"立棒式"和"上挑式"两种。

动作要领

1."立棒式"传接棒方法。传棒人右手持棒,握住棒的末端,当距接棒人3～4步时,把棒竖起,并向前伸出手臂,准确地把棒传到接棒人的手中。接棒人应两脚前后开立,面对前方,右臂前伸,四指并拢,虎口向前,准备接棒,接棒后向对面方向跑进。如图4—17所示。

2."上挑式"传接棒方法。当传棒人快速跑近接棒人时,身体前倾,随右臂的前伸,右手向上挑并传棒。接棒人用站立式起跑姿势立于起跑线后,右臂前伸,右手四指并拢,掌心向

图4—17

下,虎口向前,接棒后迅速跑出。如图4—18所示。

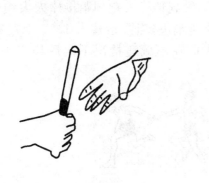
图4—18

图4—19

练习方法

1. 两人一组,对面站立,在教师的统一口令下做"立棒式"、"上挑式"传接棒练习。
2. 直径为25～30米的圆周接力跑。如图4—19所示(人数相等的两队)。
3. 40～50米的分组往返接力比赛。
4. 蛇形接力跑。

第二节 耐久力跑、越野跑

一、耐久力跑(一)

耐久力跑是大强度的周期性运动项目,是通过较长距离的跑,来发展持久奔跑的能力。耐久力跑包括起跑、途中跑和终点跑三部分。

动作要领

1. 起跑。耐久力跑一般采用站立式起跑。800米和800米以上的起跑是按两个信号完成起跑动作的。听到"各就位"口令后,及时站在起跑线后,两脚前后自然开立,把有力的一脚放在前面,上体前倾,两腿弯曲,身体重心落在前脚上,前脚异侧臂在体前自然下垂,同侧臂在体后,眼看前4～5米处,集中注意力听起跑的信号。当听到枪声或"跑"的口令时,两脚向后用力蹬地,后腿迅速前摆,两臂配合两腿动作用力前后摆动,迅速向前冲出。如图4—20所示。

图4—20

2. 途中跑。耐久力跑的途中跑技术与快速跑基本相同,但由于耐久力跑的距离较长,所以上体前倾角度、摆臂、摆动腿的动作幅度和后蹬的力量都较小,但后蹬角度较大,约为55°,要求跑的动作轻快,步伐均匀,重心移动平稳,直线性强。

3. 终点跑。终点跑是临近终点的一段快速跑,终点跑距离的长短应根据个人体力情况来决定,跑时,应加强后蹬,用力摆臂,适当加大上体前倾角度,并以顽强的意志跑过终点。

练习方法

1. 按口令做站立式起跑和起跑后加速跑的练习30～120米。
2. 匀速跑600～1200米。
3. 定时跑5～6分钟。
4. 重复跑300～500米(2～3次)。

二、耐久力跑(二)

耐久力跑的特点是,既要跑出一定的速度,又要跑得持久。因此,正确地掌握技术、合理地进行练习是非常重要的。

动作要领

1. 呼吸。耐久力跑一般都要采用口和鼻同时呼吸,呼吸要有节奏,一般采用跑2～3步一呼,跑2～3步一吸,和跑的节奏相配合,自然而又要有适宜的深度。

2. 弯道跑。为了克服离心力作用,整个身体要向左倾斜,两臂的摆动幅度是右臂大于左臂,左脚以脚掌的外侧着地,右脚以脚掌的内侧着地。如图4—21所示。

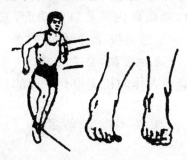

图 4—21

3. 极点。在途中跑的过程中,跑到一定的距离时,往往出现胸闷、呼吸困难、四肢无力、呼吸节奏被破坏的现象,产生难于继续跑下去的感觉。这种现象是正常的生理反应,称为"极点"。出现"极点"时应发扬勇于拼搏的作风,以顽强的意志战胜它,同时适当调整跑速,加深呼吸,使呼吸逐渐均匀,身体机能会明显好转,"极点"的现象就会逐渐消失,沉重的两腿又会感到轻松起来,这在生理上称为"第二次呼吸",这样就能坚持到底,跑完全程。

练习方法

1. 变速跑男生2000～2400米,女生1200～1500米。

2. 重复跑男生500～700米,女生300～500米。

3. 弯道跑100～150米。

三、越野跑

越野跑又称"自然地形跑",根据校外附近的地形、地物如上下坡、山地、草坪、树林、公园等进行耐力练习。这种锻炼方式能提高学生在练习中的兴趣,使学生回归大自然,将学生的耐力锻炼和爱我祖国大好山河情怀融为一体。

身居闹市区的学校如无法进行自然地形跑可利用校内的地形、地物。

动作要领

根据地形的不同,变换自己跑进中的技术动作,如平坦的路面可按途中跑的技术要领;地面不平整,步幅要小些;上坡时,身体要前倾,大腿高抬,重心前移,脚掌蹬地;下坡时,上体后仰,用全脚掌和脚后跟着地;如遇水泥道或石板硬路,动作要轻些,大腿前摆稍低,脚着地时注意缓冲;过草地、河滩、沼泽地时以小步幅、快频率、全脚掌着地、轻后蹬的跑法。

练习方法

1. 利用校内的环境如楼梯、肋木架、花园架等进行练习,距离为1500～2000米。

2. 在马路上进行练习。

3. 在湖边小道或公园里进行练习。

4. 利用山坡、田野、树林等进行练习。

进行自然地形跑,出发前着重进行安全教育,练习前尽可能少穿一点衣服。

耐力跑有益于身体健康,能提高内脏器官的功能,发展腿部肌肉的力量和耐久力,提高奔跑能力,能培养人的坚忍不拔、吃苦耐劳的意志品质。

耐力跑不受场地、器材、时间的限制,被人们誉为"价廉物美、经济实惠"的锻炼方法,长期进行耐力跑锻炼能使人体的机能得到全面的提高。

第三节 障碍跑

障碍跑包括两种:一种是一般障碍跑,是在跑的路程中,设置障碍;另一种是跨栏跑,是在田径场上进行的径赛项目。

一、一般障碍跑

动作要领

1. 一手一脚支撑越过障碍(障碍高80～100厘米)。跑到障碍物前,用右(左)手扶障碍物,以右(左)脚踏跳,左(右)脚踏上障碍物的左(右)侧,右(左)手伸直将身体支撑在障碍物上,然后右(左)腿屈膝由左(右)腿和障碍物之间越过,同时右(左)手推,左(右)脚蹬离障碍物向前跳下,左(右)脚向前迈步,继续跑进。如图4-22所示。

图 4-22

2.钻过障碍。跑到障碍物前,根据障碍物的高度,可采用高姿、低姿屈身钻过,或侧身钻过,障碍物可用栏架或倒放的栏架代替。如图4-23所示。

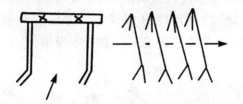

图 4-23

此外,还有采用"踏上式"、"跨步式"越过30~50厘米高的障碍物,跑过独木桥,跨过地上画的小河,穿过窄道曲线跑等。

练习方法

1.30~40米内通过2~3个障碍物。

2.30~40米内通过3~4个障碍物。

3.一手一脚支撑越过障碍。

4.钻过障碍。

5.结合游戏,越过各种障碍物。

二、跨栏跑

(一)跨栏跑

跨栏跑是在快速跑进中依次跨过一定数量栏架的径赛项目。跨栏跑主要由过栏和栏间跑组成,跑与跨栏的动作连续是技术关键,跨栏跑的运动成绩取决于跑进的速度、过栏技术和跑与跨的衔接能力。

动作要领

1.起跨攻栏。跑至栏前,起跨腿准确踏上起跨点,摆动腿的大腿积极向前上方摆动,大小腿折叠,当身体重心投影点移过垂直部位后,起跨腿积极蹬伸,髋、膝、踝关节依次伸直,与上体形成一直线,两肩正对前方,起跨腿同侧臂有力地前摆,形成一个向栏进攻动作。如图4-24所示。

图 4—24

2. 栏上动作。起跨腿蹬离地面后，身体处于腾空状态，摆动腿大腿继续高抬，膝关节放松，小腿前伸，上体前倾，摆动腿异侧臂肘关节领先前伸，同侧臂屈臂后摆。起跨腿屈膝外展，紧收小腿，脚尖勾起，在栏上形成"拉开"动作。如图 4—24 所示。

3. 下栏着地。当臀部快移过栏架瞬间，摆动腿积极下压准备着地。起跨腿以大腿带动小腿经体侧向前提拉，摆动腿异侧臂侧划并屈臂收回体侧，摆动腿要用前脚掌着地，起跨腿从体侧拉到身体正前方，上体应适当前倾，以便顺利地转入栏间跑。如图 4—25 所示。

图 4—25

练习方法

1. 学习摆动腿过栏动作。原地做摆动腿模仿练习。如图 4—26 所示。
2. 原地做摆动腿上跳马或肋木练习。如图 4—27 所示。

图 4—26

图 4—27

3. 走 3~5 步做一次"鞭打式"动作。如图 4—28 所示。

图 4—28

4.原地提拉起跨腿过栏。如图 4—29 所示。

图 4—29

5.原地做提拉起跨腿练习。如图 4—30 所示。

图 4—30

6.慢跑栏侧过栏(2~3 个栏)。如图 4—31 所示。

图 4—31

(二)过栏与栏间跑

起跑后正确地过好第一栏和正确把握栏间跑的节奏是跑好全程的重要环节。

动作要领

1.起跑器的安装基本上同于短跑。起跑预备姿势臀部稍高于短跑起跑,第一步步长较大,身体前倾角度比短跑小,在加速跑时应跑得比较放松、平稳、轻快。为准确地踏上起跨点,有时要适当调整步长。起跨前要保持较高的身体重心,这样便于跨好第一栏。

2. 栏间跑应有一定的节奏感,由于上栏和下栏技术要求不同,所以栏间跑的步长不一样,跑 3 步的长度比例是小、大、中,跑 5 步应是小、中、中、大、中。这样能使栏间跑轻松,减小身体重心的起伏。为了便于积极攻栏,最后一步应小于倒数第二步。每栏的起跨点一般男子为 1.80～2.00 米,女子为 1.60～1.80 米。初学时可缩短一些。

练习方法

1. 学习站立式起跑至过第一栏的技术。

(1)站立式反复跨 1～3 个栏、3～5 个栏,男学生的栏高 76.2 厘米,栏距 10.5～11 米跑 5 步或 8～8.5 米跑 3 步。女学生栏高 70 厘米,栏距 9～10 米跑 5 步或 6.50～7 米跑 3 步。

(2)按起跑信号做站立式起跑反复跨 3～5 个栏。

(3)做各种跨栏跑专门练习,纠正错误动作。

(4)缩短栏间距离,采用站立式起跑连续跨越 5～8 个栏。

2. 学习蹲踞式起跑过栏练习。

(1)蹲踞式起跑,8 步后从第一栏侧过栏,主要检查起跨点与步点。

(2)蹲踞式起跑跨 1～3 个栏、1～5 个栏或 1～8 个栏,逐渐体会。

(3)完成蹲踞、起跑全过程。

(三)全程跑

全程跨栏跑的首要任务是把合理的过栏技术与快速的栏间跑结合起来,比较均匀地分配全程跑体力,保持动作的直线性、节奏性和协调性。

动作要领

1. 400 米栏有 5 个栏架在弯道上,如用右腿起跨,应以右脚前脚掌内侧蹬地,左腿攻栏时膝与脚稍偏左,右臂向左前方摆出,左臂屈肘向右后方摆动,右肩稍高于左肩,整个身体向左侧倾斜。下栏时,左脚用前脚掌外侧着地,着地点落在自己分道的左侧,右腿的提拉动作也向左前方用力,使身体沿跑道内沿跑进。

2. 跨最后 2～3 个栏架时,要尽可能地保持较快跑速,栏间跑的节奏和过栏动作也不应改变,只是在跨最后一栏时,下栏动作要更加积极,摆动腿着地后,起跨腿前抬与髋齐高即可,以便迅速转入终点冲刺跑。冲刺应加强腿的蹬摆,加大上体的前倾,加速摆臂,奋力冲向终点。

练习方法

1. 学习和改进全程跑技术,蹲踞式起跑过 5 栏、8 栏。

2. 站立式起跑过弯道 2～4 个栏。

3. 全程测验(根据学生掌握情况任选)。

4. 集体评议:指出优、缺点和改进方向。

第四节 跳跃练习

一、跳高

(一)跨越式

跨越式跳高技术动作较为简单、易学,学好跨越式跳高,可为学习背越式、俯卧式跳高打下基础。

动作要领(以右脚起跳为例)

1.助跑和起跳。

(1)跨越式跳高从侧面沿直线助跑,助跑距离为6~8步,助跑方向与横杆垂直面角为30°~60°。如图4-32所示。

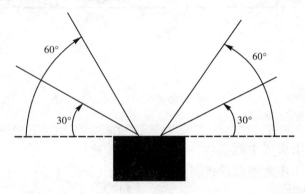

图4-32

(2)跨越式跳高的起跳用远离横杆的脚侧对横杆起跳,脚跟先着地,并迅速过渡到全脚掌,最后以前脚掌离地腾起,摆动腿以髋关节带动大腿向前上方摆出。如图4-33所示。

图4-33

2.跨越式跳高完整动作。

(1)助跑起跳后,摆动腿在摆动过杆后稍向内转,起跳腿上抬,上体前倾,摆动腿继续向下转压,起跳腿积极上抬,上体略转向起跳腿一侧,使骨盆越过横杆,然后起跳腿迅速高抬,小腿上摆,越过横杆。

(2)起跳过杆后,身体侧对横杆,用摆动腿先着地。如图4-34所示。

图 4-34

练习方法

1. 助跑起跳,用头或手触高物。
2. 连续做 2~4 步助跑起跳练习。
3. 6~8 步助跑起跳。
4. 原地做跨越式跳高、跨越横杆的模仿练习。
5. 反复助跑、起跳、越过较低的横杆。
6. 2~4 步助跑、起跳、越过较低的横杆。
7. 全程助跑、起跳,做跨越式跳高完整动作练习。

(二)背越式

背越式跳高是由美国运动员福斯贝里在 1968 年墨西哥奥运会上首先采用的,他获得了该项比赛的冠军,此后背越式跳高在全世界被广泛采用。

1. 背越式助跑。快速助跑和起跳是背越式跳高技术的显著特点。

动作要领

(1)背越式跳高的助跑分为直线段和弧线段,前段为直线,后段为弧线。助跑步数一般为 8~12 步,其中弧线段助跑为 4~5 步。

(2)直线段助跑时身体重心较高,步幅均匀,步履轻松而富有弹性,速度逐渐加快。

(3)弧线段助跑时身体向圆心方向倾斜,跑速越快,倾斜越大,身体重心的移动应平稳。

(4)助跑的后段,仍应保持跑的自然动作,并以自然的跑步动作迈向起跳点。如

图 4-35 所示。

图 4-35

(5) 助跑最后一步的步长比倒数第二步短 10~15 厘米。最后一步连线与横杆垂直面约成 30°角。

(6) 背越式跳高的助跑应轻松、自然、快速，步点准确，一般采用走步丈量法测量助跑步点。如图 4-36 所示。

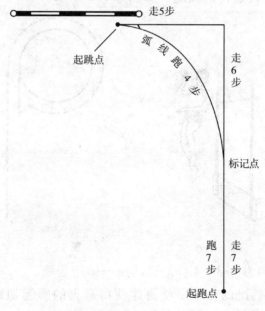

图 4-36

练习方法

(1) 屈膝仰卧于垫上做挺髋练习。

(2) 屈膝仰卧，两脚踏在低箱上做挺髋练习。如图 4-37 所示。

(3) 背对海绵垫站立，两脚左右开立与肩同宽，然后提踵、挺髋、向后倒在海绵垫上。如图 4-38 所示。

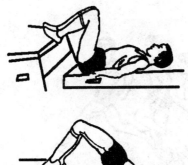
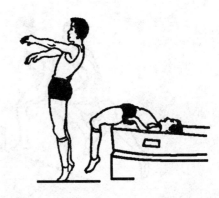

图4—37　　　　　　　　图4—38

（4）背对横杆（橡皮筋）站立，双脚用力蹬地，向上方跳起，双臂配合腿的动作向上摆动，挺髋过杆，过杆后双腿向上抬起。

（5）助跑向上跳起，同时向起跳腿一侧转体。如图4—39所示。

（6）做圆周跑（直径10～12米）。

（7）先跑一段直线再进行圆周跑。如图4—40所示。

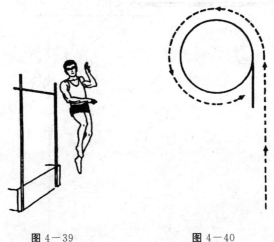

图4—39　　　　　　　　图4—40

（8）直线助跑3～4步→3～4步的弧线跑→助跑起跳。

2. 背越式起跳。起跳的任务是使身体获得最大的腾起初速度和适宜的腾空角度，并为有效地过杆创造有利的条件。

动作要领

（1）起跳脚沿弧线切线方向向前迈出，用脚跟外侧先接触地面，向前滚动并转为全脚掌着地，同时身体由倾斜转为垂直，摆动腿以髋关节带动大腿屈膝迅速向前上方摆动。

（2）起跳腿着地后，摆动腿继续上摆，带动同侧髋扭转，同时蹬伸起跳腿，两臂配合腿的动作,积极向上提肩摆臂,及时做引臂动作,为身体腾起后过杆做好准备。如图 4-41 所示。

图 4-41

图 4-42

(3)起跳点应离横杆垂直面 60~100 厘米。

练习方法

(1)起跳腿向前放脚时,身体稍向起跳腿一侧倾斜,随着屈腿向前摆动,上体由倾斜转为垂直。同时提肩、扭腰、摆臂并蹬伸起跳腿。如图 4-42 所示。

(2)在走步中练习起跳,每走 3~5 步完成 1 次起跳。

(3)上一步起跳后做过杆动作(不过杆)。

(4)全程助跑起跳练习。

3. 背越式过杆和落地。过杆是充分利用起跳获得的腾空时间改变身体的姿势,缩短身体重心最高点与横杆之间的距离并利用身体的反背弓越过横杆。

动作要领

(1)当完成起跳之后,身体沿弧线向切线方向腾起,腾起初期身体应保持结束瞬间的垂直姿势。

(2)腾空后,身体继续转动或背对横杆,摆动腿膝关节放松,起跳腿自然下垂,肩部继续向横杆方向伸展。

(3)头和肩先过杆,髋部迅速上升,充分挺开,两腿膝关节弯曲,两臂置于体侧,在杆上身体成反背弓姿势。

(4)髋部越过横杆后,借助向后反弓的反弹作用顺势收腹举腿,头稍抬起,收下颌,使整个人体越过横杆。身体过杆后,以背部落在海绵垫上。如图 4-43 所示。

图 4-43

练习方法

(1)背对垫子站立,原地双腿跳起做身体反背弓练习。

(2)弧线助跑,起跳后用异侧手触高物(吊球等)。

(3)上一步起跳后做过杆练习。

(4)3～5步助跑过最低的横杆(橡皮筋)。

4. 背越式跳高的完整动作。背越式跳高的完整动作由助跑、起跳、过杆和落地4个部分组成。这4个部分的动作相互配合,紧密相连,不可分割。如图4-44所示。

图 4-44

练习方法

(1)3～5步助跑越过低横杆(橡皮筋)。

(2)全程助跑越过低横杆(橡皮筋)。

(3)全程助跑越过稍高的横杆(橡皮筋)。

(4)对背越式跳高中常见的错误进行纠正。

(三)俯卧式

俯卧式跳高与其他姿势一样,完整技术动作均由助跑、起跳、过杆和落地4部分组成。

1. 助跑和起跳。

(1)助跑。助跑的目的是获得一定的水平速度,为有力地起跳创造有利条件。

动作要领(左侧助跑)

①助跑是从起跳脚靠近横杆的一侧开始,就是左腿起跳从左侧助跑,右腿起跳从右侧助跑。助跑与横杆成25°～45°夹角。如图4-45所示。

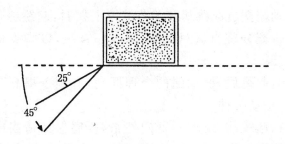

图 4-45

②助跑的距离应根据个人情况而定,一般采用 6~8 步,个别也有少到 4~5 步或多到 9~10 步的。初学者由于腿部力量不足,助跑距离要适当短一些。

③助跑的动作技术与快速跑不尽相同,助跑时前 3~4 步跑得自然、轻松、有弹性、身体稍前倾,随着跑速和步长逐渐增加,上体逐渐转直。助跑的最后几步,身体重心要平稳,稍下降,以脚跟着地,迅速滚动到前脚掌。倒数第二步幅度要大。最后一步速度要快,两臂摆至体后,准备起跳。

④助跑的速度是逐渐加快的。在加快助跑速度的过程中,应该按照一定的节奏跑动,助跑节奏好坏对起跑效果起着直接的作用。

⑤确定助跑步点的方法一般是从起跳点起,按助跑步数、速度向前助跑的反方向跑,最后一步落地点就是助跑的起点,然后再从起点向横杆方向反复试跑几次,以确定助跑步点。

(2)起跳。一般说,能跳过的高度主要取决于起跳的力量与速度。如果蹬地力量大,速度快,就能跳得高。

动作要领(以右脚起跳为例)

①起跳腿的动作,可以分成 3 个阶段,即从伸起跳腿到起跳脚着地阶段,缓冲阶段和蹬离地阶段。如图 4-46 所示。

图 4-46

着地阶段:从助跑最后一步用摆动腿支撑时,要积极做跪膝送髋动作,起跳腿以大腿带动小腿贴地面向前迈伸。

缓冲阶段:当起跳腿的膝、髋关节伸直以脚跟先着地时,摆动腿即以髋带动大腿向上方摆出,起跳腿迅速屈膝缓冲,脚迅速滚动至前脚掌着地。

蹬地阶段：当摆动腿摆过起跳腿膝关节继续上摆时，起跳腿迅速蹬伸，当摆动腿摆到最高点，起跳腿也充分蹬直，使肩、膝、踝成一直线，以脚尖最后离地腾起，完成起跳动作。

②摆动腿的动作：起跳后，摆动腿的合理摆动，有利于提高身体重心，摆腿的方法有屈腿摆动和直腿摆动两种。

③摆臂的动作：在起跳前，要求两臂向外张，两肩保持适当的前倾，要带动两肩和躯干向上提，整个摆臂动作要做得充分而迅速。起跳中，为了便于身体旋转，左肘应贴近身体并向前，右臂要向前上方摆出，起跳后身体右侧转向前上方，便于过杆。

练习方法

①原地摆腿。身体侧对助木（树干、柱子）站立，起跳腿同侧手扶助木，摆动腿做前后摆动。如图4-47所示。

图4-47

图4-48

②2～4步助跑起跳，以摆动腿的脚尖触高悬的物体。如图4-48所示。摆腿时要求做到脚尖勾起，小腿伸直，快速摆动。

③用2～4步助跑，起跳后，起跳脚站立在跳箱盖上。如图4-49所示。

图4-49

图4-50

④迈一步做摆腿练习。如图4-50所示。

⑤连续做3～5步助跑起跳练习。

⑥3～5步助跑起跳，越过较低的栏架或障碍物。

⑦学会丈量步点的方法，并确定自己的助跑距离和起跳点。

2. 过杆和落地。过杆是充分利用起跳获得的腾空时间改变身体姿势，缩短身体重心最高点与横杆之间的距离，并利用身体的屈伸和旋转越过横杆。

落地是过杆后的必然动作，不同的过杆姿势，落地方法也不同，但共同的一点是必须缓冲落地，以保证安全。

动作要领(以右脚起跳为例)

(1)起跳结束转入腾空时,当摆动腿的小腿越过横杆时,人体在杆上成俯卧姿势。这时摆动腿及其异侧应尽量靠近横杆。

(2)过杆时,起跳腿屈膝上收,随着身体的旋转,要迅速扭转骨盆并翻转起跳腿,使身体绕着横杆转过去。

(3)头和臂的动作配合腿部动作越过横杆,随着摆动腿沿着横杆的纵轴方向前伸和内旋,头部下潜,摆动腿同侧臂应沿横杆的纵轴方向前伸和内旋,肩向内扣。

(4)过杆后,摆动腿及其同侧臂同时着地,接着屈肘、屈膝,随着身体的旋转,顺势滚动缓冲。如图4—51所示。

图4—51

练习方法

(1)利用斜插在地面上的标枪或竹竿做模仿练习。如图4—52所示。

图4—52

(2)3～5步助跑,起跳后,摆动腿做前伸内旋动作,带动身体转动。起跳腿弯曲收起,做外转伸动作。摆动腿落地,体会身体沿纵轴旋转的动作。如图4—53所示。

图4—53

(3)原地或一步助跑,利用跳马体会杆上动作。如图4—54所示。

图4—54

(4)俯卧支撑在体操垫上,摆动腿伸直,起跳腿向上收,并屈膝,反复练习起跳腿和骨盆向侧上方翻转动作。如图4—55所示。

图4—55

(5)3~5步助跑,起跳后越过低横杆或斜横杆。

(6)4~8步助跑,越过横杆(橡皮筋)。

3.完整技术动作。俯卧式跳高的完整技术动作由助跑、起跳、过杆和落地4个部分组成。这4部分的动作紧密相连,是不可分割的整体。

动作要领(以右腿起跳为例)

俯卧式跳高完整技术动作如图4—56所示。

图4—56

在完整技术动作中,要做到"结合好"、"跳得起"、"过得高"。"结合好"是前提,"跳得起"是中心,"过得高"是结果。"结合好"是指助跑与起跳要结合好,只有"结合好"才能运用助跑所获得的速度,并把水平速度转化成垂直向上的力。"跳得起"是指能向上跳得起来,要求踏跳有力,踏跳速度快。"过得高"是指越过自己能力所能越过的高度,要"过得高",必须以"跳得起"为基础并正确地运用过杆技术。

练习方法

(1)2～4步助跑,正面踏跳,越过横杆(橡皮带)。

(2)全程助跑,越过较低的横杆(橡皮带)。

(3)在平软地上连续做2～3步助跑起跳翻转练习。如图4-57所示。

图4-57

(4)全程助跑,越过稍高的横杆,注意助跑节奏和过杆动作的协调性。

(5)全程助跑,完成完整技术动作练习。

二、跳远

(一)蹲踞式跳远

蹲踞式跳远的技术动作由助跑、起跳、空中蹲踞和落地等相互联系的4部分组成,它的动作简单,易于掌握。

动作要领

助跑起跳成空中弓箭步后,上体仍保持正直,摆动腿的大腿继续高抬,两臂向前挥摆,起跳腿开始向前上方提举,逐渐与摆动腿靠拢,形成空中蹲踞的姿势。随后两腿向上收,上体前倾,将要落地时,两臂由前向下,向后摆动,同时向前伸小腿落地。如图4-58所示。

图4-58

练习方法

1.原地向上跳起,双手抱膝。

2.原地练习摆臂和起跳腿蹬地动作。

3.4～6步助跑,利用弹跳板做腾空步动作,然后摆动腿下落。

4.6～8步助跑,利用跳箱或弹跳板,腾空后将起跳腿向前提举与摆动腿靠拢,两腿落地。

5.全程助跑,完成蹲踞式跳远完整动作练习。

(二)挺身式跳远

积极向前的快速助跑、强而有力的起跳力量,以及落地前人体在空中的平衡能力是取得跳远成绩的3个因素。

1.助跑和起跳。

(1)助跑。助跑是为了获得最大的向前水平速度和为有力的起跳做好准备。

动作要领

①助跑的距离应根据个人的情况而定,一般为20～30米。

②助跑的动作技术与快速跑中的途中跑技术相同。

③在整个助跑过程中,应做到快速、平稳并富有节奏。

④助跑的最后阶段,为了准备起跳,倒数第二步的步幅稍长,身体重心略有降低,最后一步时,使身体重心升高而进入踏跳。

(2)起跳。起跳动作大致包括起跳着板、身体有关部位的关节弯曲缓冲和起跳腿蹬伸起跳。

动作要领

①起跳腿应当积极下压大腿,以全脚掌着地,迅速滚动。

②上体正直或稍后仰,摆动腿积极折叠并迅速前摆。

③两臂随着起跳腿的缓冲、蹬地动作,配合下肢向前上方摆动。

练习方法

①原地练习摆臂和蹬地动作。如图4—59所示。

图4—59

②在直道上连续做3～4步助跑结合起跳的练习。

③4～6步助跑,起跳后成腾空步动作,摆动腿落沙坑,体会助跑结合起跳技术。

④全程助跑,确定自己的助跑距离。

2.挺身式跳远的空中挺身。挺身式跳远的空中挺身动作,能使体前肌拉长,有利于收腹举腿和向前伸腿落地,动作效果较蹲踞式好。

动作要领

起跳后,仍然保持空中腾空步的姿势,随后摆动腿的大腿积极下放,小腿向前、向下、向后成弧形摆动,使髋关节伸展,两臂向下,向后上方摆动,以形成展体挺身的姿势。落地前,两臂由后上方向前、向下、向后方摆动,两脚向前摆,收腹举大腿,接着小腿前伸,上体前倾准备落地。如图4-60所示。

图4-60

练习方法

(1)支撑或悬垂在器械上(单杠或双杠),模仿挺身式跳远空中放腿动作。

(2)起跳腿单腿支撑在跳箱盖上,抬起摆动腿放下,两腿并拢,落入沙坑。

(3)2～4步助跑,连续做起跳和摆臂动作。

(4)4～6步助跑,利用弹跳板做挺身式跳远。

(5)6～8步助跑,做挺身式跳远练习。

3. 挺身式跳远的落地和完整动作技术。

(1)落地。正确的落地动作技术,不仅有利于取得更优异的运动成绩,而且可以防止伤害事故的发生。

动作要领

落地前,两腿向前伸直,上体稍有前倾,大腿向前提举,小腿前伸。落地时,膝关节伸直,勾脚尖,同时两臂向后摆,脚接触沙面时,两腿迅速屈膝,髋部前移,使身体迅速移至支撑点,完成落地动作。如图4-61所示。

图4-61

落地方法有前倒和侧倒两种。

(2)完整动作技术。

动作要领

挺身式跳远应做到:腾空跨步上体正,放腿自然要挺身,送髋并拢微屈膝,配合摆臂成反弓。

练习方法

(1)原地练习起跳和摆臂的协调配合。

(2)3~5步助跑,踏上跳箱盖做挺身式跳远。

(3)6~8步助跑,完成完整动作技术练习。

(4)学习丈量步点的简单方法,提高助跑起跳的准确性。

(5)改进和提高腾空动作和落地动作技术。

(6)全程助跑,做完整的动作技术练习。

教师应在单个学生1次练习完毕及时提出存在的问题,以便在下一轮练习中纠正。

三、三级跳远

三级跳远是在助跑结束以后,沿直线连续做3次跳的田径项目。三级跳远的第一跳即"单脚跳"必须是起跳腿起跳,起跳腿落地;第二跳即"跨步跳",起跳腿起跳,摆动腿落地;第三跳即"跳跃",摆动腿起跳,双脚落入沙坑。如图4-62所示。

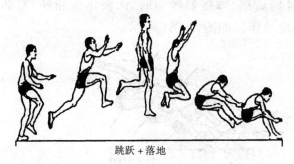

图4-62

(一)三级跳远助跑和第一跳

助跑所获得的水平速度对三级跳远的运动成绩起到重要的作用。

动作要领

1.三级跳远的助跑方法与跳远助跑基本相同。

2. 第一跳是用有力的腿做起跳腿,即单脚跳。

3. 起跳时,用全脚掌滚动着板并加快起跳速度,以保持水平速度,为第二跳的起跳做准备。

4. 起跳腾空后,上体保持正直,大、小腿折叠,积极向前送髋,两臂协调配合维持身体平衡。

5. 在空中完成单脚跳以后,起跳腿积极下压,做由前向下、向后的"扒地"或落地、两臂配合起跳腿的动作,准备开始第二跳。

练习方法

1. 行进间做单脚跳练习。

2. 连续单脚跳过几个实心球。

3. 4～6步助跑,起跳腿落入沙坑。

4. 4～6步助跑,做单脚跳。

5. 6～8步助跑,踏跳过离起跳板前1～1.2米,高0.4～0.5米的橡皮筋,摆动腿落地后顺势向前跑出。

(二)三级跳远第二跳、第三跳

第二跳是跨步跳,第三跳与跳远的腾空和落地动作一样用蹲踞式、挺身式、走步式均可。

动作要领

1. 第一跳落地,上体保持正直,摆动腿和双臂继续向前、向上方摆动,上体稍前倾,快落地时摆动腿开始迅速而积极地做"扒地式"落地,两臂协调配合完成第二跳,准备第三跳。

2. 第三跳是最后一跳,经过前两跳,水平速度已大大降低,因而,第三跳应在充分利用所剩余的水平速度的同时,要求尽量跳得高些,以增加垂直速度。因此,第三跳起跳角度较大。第三跳的技术与跳远落地动作相同。

3. 完整动作练习要注意各跳之间的有机结合,形成正确的节奏感,上体和两臂维持好身体平衡,支配身体各部分准确、协调和有效地用力,提高动作效果和运动成绩。

练习方法

1. 在跑道上进行上一步的三级跳远模仿练习。

2. 4～6步助跑,做第一跳和第二跳相结合的练习。

3. 行进中连续做单脚跳→跨步跳→单脚跳练习。

4. 4～6步助跑,起跳跨过沙坑,摆动腿着地向前跳出。

5. 短距离助跑三级跳远,按画好的标志线做单脚跳→跨步跳→跳跃→落地练习。

6. 全程助跑,做完整的动作技术练习。

第五节 投 掷

一、铅球

推铅球是田径运动的主要项目之一。推铅球的动作技术是单手持球放在肩上锁骨窝处,站在直径为 2.135 米的圆圈内邻近后沿处,经过滑步(或旋转)后,单手从肩上推出,使铅球落在规定的投掷区内。

(一)原地侧向推铅球

动作要领(以右手持球为例)

1. 握球和持球。握球的方法(以右手握球为例):五指分开,把球放在食指、中指和无名指的指根上,大拇指和小指自然地扶在球的两侧,手腕背屈防止球滑动和便于控制出球方向。手指和手腕力量强的人可把球适当地向手指上移一点,这样可以更好地发挥推球的杠杆长度的作用。如图 4-63 所示。

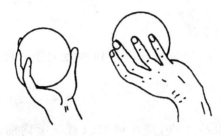

图 4-63

握好球后,把球放在肩上锁骨窝处,贴着颈部,手稍外转,掌心向前,右臂屈肘,这样可以节省力量,加强铅球在滑步时的稳定性,有利于控制出球的方向。如图 4-64(A)所示。

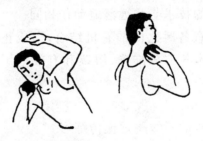

图 4-64(A)

2. 推球。身体左侧对着投掷方向,两脚左右开立比肩稍宽,左腿自然伸直,以右腿支撑身体,左臂自然上举,上体向右侧扭转,左脚尖与右脚跟几乎在一条直线上,左臂向前下方伸出,使髋和背部肌肉扭紧拉长。

推铅球时,右脚用力蹬地,右膝内转,右髋前送,使上体迅速向投掷方向抬起,朝投掷方向转动,当身体左侧接近与地面垂直的一刹那时,右腿迅速伸直,以左肩为轴,身体转向投掷方向,挺胸、抬头,右肩用力向投掷方向送,右臂迅速伸直将铅球向前上方(40°～42°)推出。球离手时,手腕要用力,并用手指拨球。球出手后,右腿与左腿交换,左腿后举,降低身体重心。如图4—64(B)所示。

图4—64(B)

练习方法

1. 原地持球、握球练习。
2. 徒手或利用实心球做各种专门练习。
3. 原地推实心球过横杆。
4. 持铅球做原地侧向推铅球练习。

(二)侧向滑步推铅球

滑步是为了使铅球获得一定的速度,为最后用力创造良好的条件。

动作要领(右手持球)

1. 滑步动作。从侧向预备姿势开始,左腿向投掷方向做1～2次轻微的预摆,待身体平稳后,左腿的大腿迅速有力地向投掷方向摆动,同时右脚用力蹬地,并迅速伸直右腿,使身体向投掷方向移动。右脚离地后,很快收回小腿向前滑动到圆圈中心附近,左脚积极落地,以形成牢固支撑。两脚着地后左脚尖和右脚跟形成一条直线,为最后用力准备条件。

2. 最后用力。最后用力是在滑步结束后左脚着地的一刹那开始的,左脚迅速着地完成最后用力的保证。在拉收右腿的过程中,右膝和右脚向投掷方向转动,右脚着地后要不停地蹬转,利用右脚的蹬转和右膝的转动推送右髋转向投掷方向。这时髋轴的转动就超过了肩轴,上体出现扭紧状态,腰、背肌肉也被拉长。随着右腿的蹬伸,上体向右倾斜,右肩低于左肩。此时,左臂从胸前向左上方引,把胸前亮出,在右髋的不断前送中很快地向左转体,把胸转向前上方,抬头并稍后仰,左臂摆到身体的左侧并制动两腿积极蹬伸,同时右臂迅速有力地推出,球离手时,应加上腕和手指向外的拨球力量。这时,铅球向前运动逐步加速到最大速度。推球时应做到以左侧为轴,左臂不能继续后摆。如图4—65所示。

图 4—65

练习方法

1. 做侧向滑步推铅球的模仿练习。
2. 持实心球连续做 3~4 次预摆,然后最后用力向前上方推出实心球。
3. 拉住同伴的手,做滑步练习,体会两腿"摆"、"蹬"的配合。如图 4—66 所示。

图 4—66

4. 持铅球或实心球在圈内反复做滑步练习。
5. 持铅球在投掷圈内做完整的侧向滑步推铅球练习。

(三)背向滑步推铅球

背向滑步推铅球的最后用力动作技术与侧向滑步推铅球基本相同。

动作要领(以右手持球为例)

1. 握球和持球的动作与原地推铅球相同。
2. 滑步前的预备姿势可分为高姿势和低姿势两种。

(1)高姿势。持球后,背对投掷方向,站在圈内靠近后沿处。两脚前后开立,相距 20~30 厘米,右脚尖贴近圆圈,脚跟正对投掷方向;左腿稍后,并自然弯曲,以前脚掌着地或脚尖着地,脚跟提起。持球臂的肘略低于肩或与肩齐,左臂自然上举并向内,上体正直放松,体重落在右腿上,两眼看前下方 3~5 米处。如图 4—67 所示。这种姿势的优点是较为自然放松,能协调地进入滑步动作,有利提高速度。这种姿势开始进入滑步时由于屈体团身而降低了身体重心,铅球上下移动较大,对身体平衡能力要求较高。

(2)低姿势。背对投掷方向持球站立,站在圈内靠近后沿处。两脚前后开立,相距50~60厘米,右脚尖贴近圆圈,脚跟正对投掷方向,左脚在后,以前脚掌或脚尖着地。左臂自然下垂并稍向内,两腿弯曲,上体向圈外探出,体重落在右腿上,两眼看前下方2~3米处,持球臂肘部自然下垂,铅球的投影点在右脚的右侧前方。如图4-68所示。这种姿势的优点是当投掷者未进入滑步时铅球已处于较低的位置,铅球的上下移动很小,较容易维持身体平衡。其缺点是投掷者全身的肌肉较紧张,右腿负担较大。

图4-67　　　　　　图4-68

3.滑步前可做1~2次预摆,左腿自然弯曲,大腿用力平稳地向后上方摆动,右腿伸直脚跟提起,上体前俯,左臂微屈前伸,微低头,两眼看前下方。

4.当左腿第二次回摆到靠近右腿时,右腿弯曲,上体前俯接近水平,紧接着右腿用力蹬伸,左腿向抵趾板中间提起,使身体重心向投掷方向移动。

5.右腿蹬直后,迅速收小腿,右脚、膝向左转动。与此同时,左脚积极下放,两脚着地,右脚跟和左脚尖成一直线,为最后用力做好准备。如图4-69所示。

图4-69

6.由于铅球向前上方用力,球被推出后,身体仍有向前的惯性冲力,这样就会失去平衡。为了防止冲到投掷圈外造成犯规,投掷者应立即将右腿换到前面并屈膝,将左腿后伸,降低重心,改变重心移动的方向,便于维持身体的平衡。

背向滑步推铅球完整过程如图4-70所示。

背向滑步推铅球教学中,教师应着重强调练习中注意以下几点:

1.预摆和团身动作,注意身体平稳和动作协调。

2.滑步要向投掷方向滑出,滑步过程中身体不能过早地抬起或转体,头不要过早地转向投掷方向,滑步结束时与原地侧向推铅球动作相同。

3.当滑步结束,左脚一触地就开始最后用力,以保证整个动作的连贯性,防止减速。

图 4—70

练习方法

1. 在教师的统一信号下,徒手进行完整的技术动作模仿练习。
2. 持实心球做连续滑步动作。
3. 练习预摆和滑步相结合的动作。
4. 持实心球做完整动作。
5. 持铅球做完整动作。

二、铁饼

掷铁饼是技术较为复杂的项目,其比赛是在直径为 2.50 米的圆圈内采用旋转方法进行的。

铁饼投掷的远度取决于器械的出手初速度、投掷时的出手角度、投掷时出手点的高度及空气作用力的影响,其中起主要作用的是器械的出手初速度。

动作要领(以右手握饼为例)

1. 铁饼握法。五指自然分开,中指通过铁饼面的中心,拇指和手掌平贴住铁饼,其余四指的最末指节扣住铁饼边沿,手腕微屈,铁饼的上沿微靠前臂,持饼臂自然下垂于体侧。如图 4—71 所示。

图4-71

2. 预备姿势。背对投掷方向，两脚站在投掷圈中心线的两侧（左脚略靠近中心线），间隔稍宽于肩，左脚稍靠后，持饼臂自然下垂于体侧。

持饼臂在体侧前后自然摆动2~3次，随后重心移向左腿，上体左移，同时躯干带动投掷臂向左摆动。铁饼摆至左侧约与肩同高时，左手托饼，然后重心由左腿向右腿移动，躯干带动投掷臂向身体右后方大幅度回摆。接近极点时，体重在右腿上，铁饼约与右肩同高，身体充分扭转拉紧，投掷臂尽量伸展放松，两眼平视。

3. 旋转。双腿支撑旋转：在预摆结束后立即开始做双腿支撑旋转动作。弯曲的右腿蹬地，上体向左转动，重心从右腿向边屈边转的左腿移动，左脚以前脚掌着地，屈膝向投掷方向转动。投掷臂自然地拖在身后，头随肩轴转动，逐渐形成以身体左侧为轴的旋转。

单腿支撑旋转：当已形成身体左侧为轴的旋转时，右腿蹬离地面，以大腿带动，绕身体左侧轴沿弧线大幅度地向投掷圈圆心摆动。在转动过程中，身体左侧轴逐渐向圆心方向倾斜，左肩、左臂同时向圆心方向带动，使身体重心投影线远离支撑点，以配合右腿摆动内转。左腿蹬离地面，使身体在转动过程中向圆心方向加速运动。

腾空：左脚转蹬离地，身体即进入短暂的腾空阶段（腾空时间应力求缩短）。这时，右髋、右腿积极内转下压，使右脚前掌迅速落在圆心附近，左腿积极向右腿靠拢准备下压落地，身体背对投掷方向，铁饼留在身后，形成一种良好的超越器械姿势。左臂自然前伸，屈于胸前，重心落在弯曲的右腿上。

4. 最后用力。最后用力是决定投掷远度的关键技术环节。在右脚着地后，左脚靠拢右脚积极落地，右腿微屈，左膝外转，躯干侧对投掷方向。右髋、右腿继续向投掷方向转动并前移，使髋轴进一步超越肩轴。此时头向投掷方向转动并稍抬起，左肩、臂向投掷方向牵引，右肘下降，稍低于肩，形成左侧转动轴。重心移近左腿时，左腿被迫压紧微屈，左膝跟着向投掷方向转动，同时支撑用力。在右髋、右腿继续转蹬的基础上，身体右倾绕左侧快速向前转动，肩轴迅速超越髋轴，以最快的速度、最大的力量向前挺胸挥臂。左腿积极蹬直，左肩制动，形成良好的左侧支撑用力。当身体重心达到较高部位时，铁饼经食指离手，快速沿顺时针方向自转，出手角度一般为30°~35°。在实践中根据风向和风力的情况来控制出手角度，逆风投掷时角度要小些，顺风时反之。

5. 维持身体平衡。铁饼出手后，为了防止由于向前的惯性冲出投掷圈造成犯规，应迅速交换两腿或顺惯性继续向左转体，同时降低身体重心，缓冲向前的冲力，维持好身体的平衡。如图 4-72 所示。

图 4-72

练习方法

1. 做握饼、摆饼、拨饼和滚饼练习。
2. 原地正面、侧向掷铁饼。
3. 徒手或持器械做旋转练习。
4. 正面旋转掷铁饼。
5. 背向旋转掷铁饼。

三、标枪

掷标枪的完整技术动作分为握持标枪、助跑、最后用力和缓冲 4 个部分。

动作要领（以右手握枪为例）

1. 握法。握枪的方法可分为现代式（拇指和中指）握枪法和普通式（拇指和食指）握枪法两种。

（1）现代式握枪法。标枪斜放在掌心上，拇指和中指环握在标枪线把上沿，食指、无名指和小指自然地握住枪把。如图 4-73①所示。

（2）普通式握枪法。标枪斜放在掌心上，拇指和食指握在标枪线把上沿，其余手指依次握枪。如图 4-73②所示。

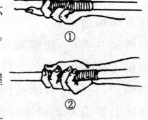

图 4-73

2. 持枪。合理的持枪方法应做到便于发挥助跑速度，便于引枪，使投掷臂和手腕放松自然。目前，运动员多采用肩上持枪的方法。如图 4-74 所示。

图 4-74

3. 助跑。助跑可分为预跑阶段和投掷步阶段两部分。

(1)预跑阶段。运动员从第一标志线跑到第二标志线为预跑阶段,通常为 15 米左右。跑双数步(8~12 步),右脚跑第一步;跑单数步(9~13 步),左脚跑第一步。预跑的动作要自然轻快,富有弹性,用前脚掌着地,逐渐加速。跑时上体略微前倾,持枪臂随着跑的节奏自然地前后摆动,且与下肢动作协调一致。通过不断加速的助跑获得较大的动量,并控制好器械,为进入投掷步完成一系列复杂动作做好准备。有些新手在预跑阶段跑得太快,增加了完成投掷步的难度,甚至破坏了投掷步动作,影响最后用力。因此,助跑速度的提高必须与掌握技术的熟练程度相适应。如图 4-75 所示。

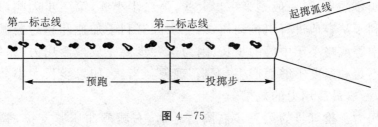

图 4-75

(2)投掷步阶段。运动员从第二标志线到起掷弧线的动作过程为投掷步阶段。投掷步一般为 5 步,也有采用 6 步的,目的是要在不断加速的情况下控制好器械,做好超越器械动作。

跳跃式投掷步:这种方法有利于加大后蹬力量以及引枪和超越器械、下脚领先器械,动作也较为放松自然,便于沿着标枪纵轴用力,应注意的是不宜跳得过高。

跑步式投掷步:用跑一样的步子完成投掷步,易于保持速度,腿部力量较弱的初学者更为适宜采用这种方法。

下面以跳跃投掷步(4 步)为例加以介绍。

第一步:左脚踏上第二标志线,右脚前迈开始第一步。在右脚前迈的同时,右肩向右转并开始引枪,左肩逐渐向标枪靠近,左臂在胸前自然摆动,目视前方,髋部保持预跳的动作,右脚掌落地的部位稍偏右,此时持枪臂尚未伸直。

第二步:右脚落地,左脚前迈开始第二步。左脚前迈的同时,髋轴向右转动,形成侧对投掷方向的姿势,持枪臂继续后引,左肩靠近标枪并稍含胸,以防右臂下降。左脚掌落地与投掷方向形成较大的角度,左肩摆至身体左侧,目视前方。

第三步:又称交叉步。这一步要加速下肢向前的运动,完成超越器械,并把标枪控制在有利于进入最后用力的部位。左脚一落地,右腿膝关节自然弯曲,大腿带动小腿积极向前迈出,当右腿靠近左腿时,左腿做有力的蹬伸动作,促使右大腿加速前摆。这时髋轴转向投掷方向,与肩轴形成交叉状态,左臂自然摆至胸前,进一步拉长躯干的肌肉。投掷臂充分伸直后引,不低于肩轴水平位,枪尖不高于头部,前臂与标枪的夹角越小越好。右脚跟外侧先着地,过渡到全脚掌,脚尖与投掷方向约成45°角。右脚落地的一刹那,躯干和右腿成一条直线,整个身体倾斜,与地面的夹角约为55°~60°,身体重心在支撑点的后面,此时左腿已摆过右腿,目视投掷方向。

第四步:这一步是从助跑过渡到最后用力的衔接步,要求在高速中保持良好的状态超越器械,并按正确的用力顺序,发挥最大的力量,准确地用力于标枪纵轴。因此,它是投掷步中难度较大,又非常重要的一步。当第三步右脚未落地时,左腿已积极前迈开始第四步。右脚落地后,屈右膝,身体重心自然下降,左脚靠近地面,左腿积极前摆。身体重心超过右脚支撑点的一刹那,右脚及时蹬地,加快左脚落地的速度,以便做好落地支撑。这有利于保持已取得的下肢超越上肢的良好姿势,有利于加速上体的向前运动。此时右肩与左腿的连线与地面应约成45°角,左脚落地位置应在右脚支撑点延长线的左侧约30厘米处。

投掷步四步的步长,一般是第一步大些,第二步小些,第三步大些,第四步小些。第一步大有利于从容地进行引枪动作,第三步大有利于加速和超越器械。一般情况下第四步是中等或略小于中等的步长,因为这一步要完成最后用力,如果太大,会由于腿部力量不足和速度不够而产生"下坐"现象。当然,如果步长太小又会影响向前的用力幅度,影响最后用力的效果。

4. 最后用力。投掷步的第三步右脚落地后,右腿弯曲压紧支撑,髋部迅速向前运动,当身体重心超越支撑点(左脚尚未落地)即开始下肢最后用力。右腿及时用力蹬伸,推动右髋迅速向投掷方向运动,同时加快左脚落地的速度。右髋成半打开状态,右脚继续用力蹬地,转送右髋,使髋轴超过肩轴。在肩轴向投掷方向转动的同时,左臂前摆下压,投掷臂在原来的运行路线上,以上臂带动前臂转肩翻肘,当上体转至正对投掷方向时,投掷臂已翻到肩上,形成满弓姿势。这时投掷臂处于身后,与躯干几乎成直角,枪尖与头同高或稍高于头,重心接近左腿,左腿稍屈压紧支撑用力,头稍抬起,胸部肌肉处于充分拉长的有利姿势。形成"满弓"以后,胸部继续向前,肩轴迅速超越髋轴,以胸带臂迅速前挥,在左腿蹬伸的同时,使标枪在右肩上方(或右肩上方偏外)以30°~35°角飞出。出手点最好在左脚支撑点垂直上方或稍前,这有利于延长工作距离。标枪出手的一刹那,手指手腕的积极甩动使标枪沿着纵轴按顺时针方向自转,这有利于保持标枪在空中飞行的稳定性,而提高其滑翔效果。

5. 缓冲。标枪出手后,为了防止犯规,应及时换腿,缓冲,并降低身体重心保持平衡,一般缓冲距离为2~3米。如图4-76所示。

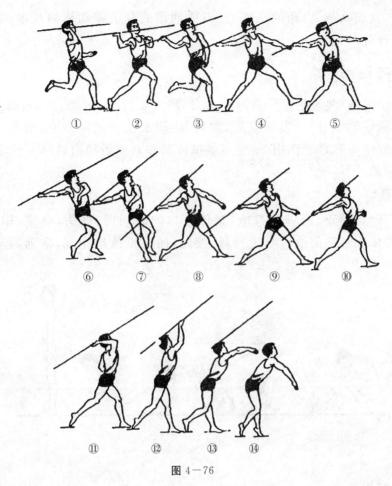

图 4—76

练习方法

1. 做握枪、持枪练习。
2. 做正面插枪练习。
3. 原地侧向掷标枪。
4. 徒手练习助跑与投掷步。
5. 持枪做完整动作。

第六节 体 操

体操是一种徒手或借助器械进行各种身体操练的体育项目。通常习惯用"体操"来称呼"竞技体操"。中国古代体操有两类：一类是强健筋骨预防疾病的体操，其中，最有代表性的是古代药学名著《内经》中的"导引养身术"。出土的导引图，距今已有2100多年之久，不仅年代早，而且内容非常丰富，有肢体运动、呼吸运动、器械运动等。另一类存在于古代乐舞、杂技、戏剧和流传于民间的技巧运动中。现代体操的正式名称是"竞技体操"，它是体操的一个分支，简称为"体操"。这是一项在规定的器械上,完成复杂、协调的动作,并根据动作的分值或动作的难度、编排与完成情况等给予评分的运动。

一、技巧运动

技巧运动又称"垫上运动",其内容丰富、形式多样,有滚动、滚翻、倒立、平衡等。技巧运动对锻炼学生身体,发展灵巧、柔韧、协调素质和定向能力,增强关节韧带力量和平衡器官能力有显著作用,对学习器械体操和其他运动项目都有较好的帮助。

(一)前滚翻

动作要领

由蹲撑开始,提臀,两脚稍蹬地(腿伸直),同时屈臂,低头,含胸,用头的后部、颈、肩、背、腰依次触垫前滚。当滚到背、腰时,两手迅速抱小腿,向前滚动经蹲撑起立。如图4—77所示。

图4—77

练习方法

1. 初学时先做滚动练习,身体团紧,屈肘翻掌于肩上,来回滚动,体会身体依次接触地面团身滚动的感觉。
2. 做前滚翻成并腿坐,体会腿的伸直过程。
3. 在斜面上,由高处向低处做前滚翻,以增加滚翻的动力。
4. 前滚翻熟练后,可做连续前滚翻,前滚翻接挺身跳,前滚翻两脚交叉转体180°成蹲立,以提高学生的学习兴趣和能力。

保护与帮助

保护者单膝跪立于练习者侧前方,当滚翻至臀部着地时,两手顺势推其背部帮助其起立。

(二)后滚翻

动作要领

由蹲撑开始,身体稍向前移动,随即两手推地,重心后移,低头团紧身体并保持一定速度向后滚动,同时屈臂夹肘两手放在肩上(手指向后、掌心向上),当滚到肩、颈部,身体重心超过垂直部位时,两手在肩上用力推垫,抬头,两脚落地成蹲撑起立。如图4—78所示。

图 4—78

练习方法

1. 团身前后滚动,注意把手放在肩上,尽量翻掌,指尖向肩,两肘内夹。
2. 做后滚翻成蹲撑动作。
3. 在斜坡上由高处向低处做后滚翻动作。
4. 在教师或同伴的保护和帮助下完成后滚翻动作。

保护与帮助

保护者单膝跪在练习者侧面稍后的位置,当练习者后滚至肩部时,一手托其肩,一手托其背,助其翻转。或者保护者站于练习者侧面稍后的位置,当练习者滚至肩部时,两手提髋部助其翻转。

(三)"鱼跃"前滚翻

动作要领

半蹲姿势开始,重心前移,两臂前摆,同时两脚蹬地使身体向前上方跃起。腾空后,保持含胸屈髋的弧形姿势,接着两手撑地,两臂有控制地弯曲,低头、含胸前滚起立。如图 4—79 所示。

图 4—79

练习方法

1. 初学时先做两臂远伸的前滚翻和腾空较低的跳起前滚翻。
2. 从高处(30厘米左右)向前下做滚翻,体会两臂的控制力量。
3. 做跃过低障碍物的前滚翻。
4. 在垫上拉橡皮筋作为障碍物,学生从橡皮筋上跃过,通过提升橡皮筋高度来加大学生的练习难度,从而提高教学效果。

保护与帮助

保护者站在练习者起跳点侧方,练习者起跳后,两手托其腿,顺势前送。

(四)头手倒立

动作要领

由蹲撑开始,两手与肩同宽,在体前撑地,用前额上部在手前约等边三角形处触垫,两肘内夹。一脚蹬地,另一腿后上摆,接着两腿并拢伸髋立腰成头手倒立。如图4—80所示。

图4—80

练习方法

1.首先把头、手位置以及头触垫的部位搞清楚,可在垫上画上手和头的位置。

2.做提臀至支点垂直部位后停止不动的屈体头手倒立,体会重心的掌握。

3.在教师或同伴的保护与帮助下完成头手倒立。

4.熟练后,可做慢起头手倒立。放好头手位置后,高提臀、分腿、脚尖点地,两手用力推起重心,两腿再慢慢从两侧并拢成头手倒立。

5.头手倒立可用前滚翻结束。重心前移,随之低头前滚,紧接着含胸团身,上体前跟成蹲立。

保护与帮助

保护者站在练习者侧方,扶住其腿,帮助其控制平衡。自我保护:重心向前无法控制时,应迅速低头团身前滚。

(五)俯平衡

动作要领

由站立开始,一腿直立,上体慢慢前倾,另一腿尽量向后高举,抬头挺胸,两臂侧手举成俯平衡姿势。如图4—81所示。

练习方法

手扶器械,加强后压腿、后踢腿、后控腿的练习。

保护与帮助

保护者站在练习者侧方,一手托其后腿,一手扶其上臂。

图4—81

二、单杠

单杠是竞技体操男子六项之一,其内容丰富,动作多样(主要是动力性动作),包括各种摆动、上法、屈伸、回环、转体、腾越、换握、空翻和下法等。

通过练习单杠,可以增强上肢、肩带、躯干肌肉的力量和柔韧性,提高身体的协调性以及前庭分析器官的平衡能力,培养勇敢顽强的意志。

(一)支撑后摆下

动作要领

由支撑开始,两腿稍前摆,肩稍前倾,接着用力后摆,两臂伸直用力撑杠。当两腿后摆接近极点时,含胸并制动两腿,接着两臂用力顶肩推杠,上体抬起保持挺身落下。如图4-82所示。

图4-82

练习方法

1. 做不放手的支撑后摆下。
2. 支撑后摆由低到高,逐步提高。
3. 在教师或同伴的保护与帮助下完成支撑后摆下。

保护与帮助

保护者站在杠后侧方,一手握练习者上臂,一手托其腿。

(二)支撑单腿摆越杠成骑撑

动作要领

由支撑开始,右手推杠,重心移至左臂,接着右腿迅速侧摆越杠,然后身体重心移回,同时右手握杠成骑撑。如图4-83所示。

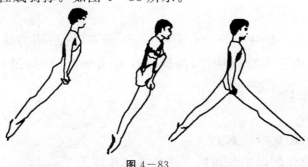

图4-83

练习方法

1. 站立,手持体操棍于腹前,做单腿向前摆越的模仿练习。
2. 在横箱(马)上做单腿前摆越杠成骑撑。
3. 在教师或同伴的保护、帮助下完成动作。

保护与帮助

保护者站在杠后左侧,左手扶练习者左臂,右手扶其左腿。

(三)骑撑后倒挂膝上

动作要领

由右腿骑撑开始,两臂伸直撑杠,臀部后移,左腿稍后摆,右腿屈膝挂杠,上体后,倒髋前送。左腿前摆,过杠前水平部位时制动,回摆至杠下垂直部位时,左腿继续用力后摆,两臂和右腿用力压杠上,成骑撑。如图4-84所示。

图 4-84

练习方法

1. 单挂膝悬垂摆动练习。
2. 单挂膝摆动上杠练习。
3. 在保护和帮助下做完整动作练习。

保护与帮助

保护者站在杠前左侧方,练习者后摆挂膝上时,一手托其背部,另一手压其摆动腿帮助其成骑撑。

(四)单腿摆动翻上成支撑

动作要领

正面屈臂握杠,一腿后举开始。后腿向前、向上、向后用力摆动,另一脚蹬地迅速上摆,同时肩后倒。当腹部贴杠,两腿至杠后水平部位时,制动腿,上体抬起,翻腕、伸臂,成支撑。如图4-85所示。

练习方法

1. 在蹬地处放助跳板做翻上。
2. 在教师或同伴的保护与帮助下做完整动作练习。

图 4—85

保护与帮助

保护者站在练习者前侧方,一手托其臀部,另一手拨其肩,助其翻转。翻上后,一手扶其上臂,另一手托其腿。

三、双杠

双杠是竞技体操男子六项之一,由动力性动作和静力性动作两大类组成,而以动力性动作为主。动作有摆动、摆越、屈伸、滚翻、回环、空翻、转体、倒立等多种。

通过双杠练习可以发展学生上肢、躯干和韧带肌肉群的力量和柔韧性,提高身体的灵敏性和协调能力,培养勇敢、果断、坚毅的意志品质。

(一)分腿骑坐前进

动作要领

由分腿坐开始,两手推杠,两腿压夹杠,身体挺直立起提高重心。上体前倒,两手体前撑杠(稍远些),同时大腿压杠弹起摆进杠,并腿前摆。腿超过杠面后,迅速向两侧分开,以大腿后内侧触杠,并顺势后滑成分腿坐。如图 4—86 所示。

图 4—86

练习方法

1. 学会支撑摆动前摆成分腿坐。
2. 做分腿骑坐推手伸髋、挺身前倒撑杠和两腿后压弹杠并腿的动作。
3. 在教师或同伴的保护与帮助下完成分腿骑坐前进。

保护与帮助

保护者站在练习者的杠外侧前方,待其前进手撑杠时,一手握其上臂稳固支撑,另一手托其大腿助其腾起进杠,当其前摆时顺势托其背腰以助其前摆。初学者可由两人保护。

(二)支撑摆动

前摆动作要领

身体由后向下摆时,脚远伸,保持肢体自然下摆。身体摆至握点垂直部位前应挺开腹部伸开髋。当摆至杠下垂直面时,稍屈髋,向前上方做踢腿动作,以加速前摆,同时两臂向后下用力,顶肩。身体上摆接近极点时,将髋向前上远送,拉开肩角,达到最高点(极点)。如图4-87所示。

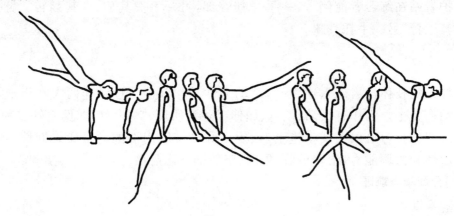

图 4-87

后摆动作要领

由前摆到最高点时,肢体自然下摆,摆至握点垂直部位前,应稍微屈髋。摆过握点垂线后,向后上做甩腿动作,以加速后摆,同时稍含胸,紧腰,顶肩。当身体后上摆接近极点时,应充分挺直,脚远伸,达到极点。如图4-87所示。

练习方法

1. 对初学者,特别是青少年、儿童应先学会跳上成分腿坐、外侧坐等动作,以提高其支撑和收腹举腿的能力。

2. 在教师或同伴的保护与帮助下,练习自然后摆,接着借向前回摆的力量再做收腹举腿、伸髋的动作。

3. 在助力下做小幅度的摆动,或结合前后有支点的摆动,如分腿坐前进、前进成外侧等。

4. 在助力下进行幅度加大的摆动,做前摆有踢腿送髋、后摆有甩腿远伸的练习。

5. 有一定基础后,自己独立完成动作。

保护与帮助

保护者站在杠侧,一手握练习者上臂以稳固支撑,另一手在其前摆时托其腰背,在其后摆时托其腹或大腿,助其摆动。

(三)支撑前摆挺身下

动作要领

由支撑前摆开始,当身体向前摆过杠下垂直部位后,微屈髋,加速向前上摆动。腿摆出杠面后,身体重心稍右移,两腿主动向右外移。当上摆脚至肩平时,立即制动腿,并做下压动作,同时两臂用力推顶杠,急振上体,使身体腾起。先脱右手至侧举,左手换握右杠,挺身下。如图4—88所示。

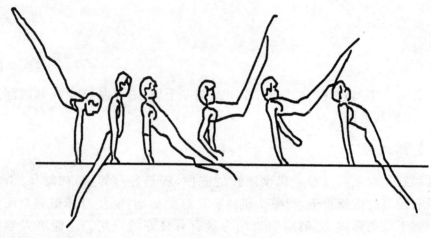

图4—88

练习方法

1. 做前摆至肩平时制动练习。
2. 支撑摆动成外侧坐,体会移重心和推杠技术。
3. 在教师或同伴的保护与帮助下直接做。
4. 在基本掌握动作后,为了提高动作质量,可设一标志物,以达到一定高度、幅度。

保护与帮助

保护者站在练习者落地的同侧,右手握其右上臂以稳固支撑,左手托其腰背部,帮助其外移重心,保护其落地。

(四)支撑后摆挺身下

动作要领

由支撑后摆开始,后摆过杠面后,下肢主动向左外移。待后摆超过肩水平,接近极点时,右手迅速推杠换握左杠,同时身体重心向左平移。左手立即推杠至侧举,同时制动腿,上体急振,抬头挺身跳下。如图4—89所示。

练习方法

1. 学会支撑摆动、后摆腿高于杠的练习。
2. 在杠端做小幅度的摆动,两手同时推杠,后摆挺身下。
3. 在保护和帮助下做完整动作练习。

图 4—89

保护与帮助

保护者站在练习者落地的同侧,左手握其左上臂,右手从杠中托其腹部,帮助其外移重心,保护其落地。

四、支撑跳跃

支撑跳跃是在跳跃过程中借助两臂的支撑,腾越各种器械,如跳马、山羊、跳箱等。它具有较高的锻炼价值,对整个机体有良好的影响,能使身体得到全面发展,特别是对增强下肢的弹跳力、肩带肌群的力量有着良好的作用。还能培养学生勇敢、果断等良好的意志品质。

(一)跳上跳下

动作要领

助跑上板跳起,两臂前摆,稍含胸收腹,两臂前伸支撑器械,同时迅速提臀屈腿,两膝并拢跳上,成蹲撑姿势;跳下时,两脚用力向后下方蹬离器械,同时两臂上摆,伸直髋关节和两腿,向前上方腾起,充分挺直,然后收腹缓冲落地。如图 4—90 所示。

图 4—90

练习方法

1.手撑器械,脚踏助跳板,做原地蹬跳提臀屈腿动作练习。

2. 由助跑开始,做跳起提臀屈腿上成蹲撑练习。
3. 原地做挺身跳或从较高位置(如跳箱上)做挺身跳下动作。
4. 做完整的跳上跳下练习。

保护与帮助

1. 保护者站在器械侧前方,当练习者挺身落地时扶其腹背。
2. 保护者站在助跳板前一侧,当练习者跳撑时,一手握其上臂,另一手托其大腿后部顺势托送其成蹲撑。

(二)分腿腾越:山羊(女)横箱(男)

动作要领

助跑上板有力踏跳,跳起后稍含胸,上体稍前倾和稍屈髋向前上方腾越。两臂主动前伸撑器械,同时紧腰固定髋关节。手撑器械时,在肩未过支撑点垂面之前,两手迅速向前下方猛力顶肩推手,同时两腿分开前摆。接着迅速制动腿,上体抬起,挺身落地。如图4-91所示。

图4-91

练习方法

1. 做助跑起跳、支撑器械、提臀练习。
2. 助跳板靠近墙,助跑起跳做推墙动作。
3. 板距由近到远、山羊由低过渡到高做分腿腾越。

保护与帮助

保护者站在练习者落地点的一侧,一手扶其腹,另一手扶其背。保护者正面两脚前后开立,手握练习者两上臂(顶肩),顺势上提,同时前腿随练习者落地而后退。

□ 思考题

1. 什么叫快速跑，它的技术动作由几部分组成？
2. 发展速度的锻炼方法有哪些？
3. 接力跑的交接棒方法有哪几种？
4. 什么是"极点"？
5. 跨栏跑包括哪些竞赛项目？
6. 跳高有几种过杆姿势？
7. 完整的跳远技术动作由几部分组成？
8. 简述三级跳远的动作要领。
9. 背向滑步推铅球的完整技术动作由哪几部分组成？
10. 如何正确地掌握投掷项目技术中的超越器械？
11. 体操练习中保护与帮助的重要意义是什么？
12. 如何欣赏体操比赛？

第五章　球类运动

□学习目标

1. 掌握各种球类运动项目的基本技术、技能。
2. 具备各种球类项目的简单战术配合能力。
3. 提高自己观赏比赛的能力。

第一节　篮球运动

一、篮球运动简介

篮球运动于 1891 年由美国马萨诸塞州斯普林菲尔德市基督教青年会训练学校体育教师詹姆斯·奈史密斯博士借鉴其他球类项目设计发明。由于这项运动十分有趣,因此传播很快,并在 1896 年由基督教青年会传入中国。在 1904 年第三届奥运会上美国青年会男子篮球队首次进行了表演。此后,篮球运动逐步在中美洲、亚洲、欧洲和大洋洲开展起来。随着这项运动的发展,参赛人数由最初的无限制到规定为 5 人,规则由 1892 年的 13 条发展到现在的 60 余条。1932 年国际业余篮球联合会在瑞士日内瓦成立。在 1936 年第 11 届奥运会上男子篮球被列为正式比赛项目。从此,篮球运动登上国际竞技运动的舞台。

新中国成立后,我国的篮球运动得到了蓬勃的发展,在建立健全篮球等级制度和运动员等级制度的同时,其水平迅速提高。

二、篮球运动的基本技术

(一)移动

"移动"是篮球运动中队员为了控制自己的身体和改变位置、方向、速度和争取高度、空间所采用的各种脚步动作方法的总称。

1. 基本站立姿势。

动作要领

两脚前后或左右开立,与肩同宽,两膝微屈稍内收,身体重心落在两脚之间,身体重量主要压在双脚前脚掌上。上体稍前倾,颈部放松,双眼平视前方,两臂自然弯曲垂于体侧。如图 5-1 所示。防守时的基本站立姿势略有不同,两脚开立稍比肩宽,身体重心更低一些,两臂左右或向前侧张开。如图 5-2 所示。

图 5—1　　　　　　　　图 5—2

2. 起动。

动作要领

从基本站立姿势开始,起动时,以脚后跟(向前起动)或异侧的脚前掌(向侧起动)短促有力地蹬地,同时上体迅速前倾或侧转,向跑动方向移动身体重心,手臂协调摆动。起动后的前 2～3 步两脚的脚前掌要短促而迅速地连续蹬地和快速摆臂相配合,使之在最短距离内把速度充分发挥出来。

起动方法有两种:

(1)向前起动。如图 5—3 所示。

(2)向侧起动。如图 5—4 所示。

图 5—3　　　　　　　　图 5—4

3. 跑。跑是为了完成攻防任务而争取时间和位置优势的动作方法。跑有直线、曲线、弧线、折线等形式,具有快速、多变的特点。

(1)侧身跑。

动作要领

向前跑时,脚尖对准跑的方向,头和上体自然转向有球一侧,上体和两臂放松,既要注意场上情况,又要在快速跑动中做好接球的准备。

(2)变向跑。

动作要领

队员从右向左变方向跑时,最后一步用右脚前掌内侧用力蹬地制动,屈膝,脚尖稍向内扣,腰部随之左转,上体向左前倾,重心左移,同时左脚向左前方跨出一小步,右脚迅速向右腿侧前方跨出一大步,然后加速前进。如图5-5所示。

图5-5

练习方法

(1)在教师的统一信号下做基本站立姿势练习。

(2)按教师的统一信号向不同方向起动。

(3)从基本姿势开始,做起动和跑的练习。

(4)按教师的手势做侧身跑和变向跑。

4. 跳。跳是队员获得高度和远度优势的一种动作方法。

(1)双脚起跳。

动作要领

起跳时两脚开立,迅速屈膝降低重心,两臂相应后摆,上体前倾。其后两脚用力蹬地,伸膝、提腰,两臂迅速向前上摆,使身体向上腾起。上体在空中要自然伸展,收腹,下肢放松。落地时,用前脚掌先着地,屈膝缓冲下落的冲击,保持身体平衡,以便衔接下一个动作。

(2)单脚起跳。

动作要领

起跳时,踏跳腿微屈前送,脚跟先着地,迅速屈膝过渡到前脚掌用力蹬地,另一腿提膝积极上抬,同时提腰摆臂,使身体腾起。当上升到最高点时,摆动腿向下与起跳腿自然靠拢,腰腹用力保持平衡。落地时,两脚分开,前脚掌先着地,并随之屈膝缓冲,以便迅速完成其他动作。

5. 急停。急停是在跑动中突然制动、停止的一种动作方法,也是衔接各种脚步动作的有效方法。比赛中急停常和其他技术结合运用。急停包括跨步急停和跳步急停两种。

(1)跨步急停。

动作要领

在快速移动中急停时的第一步跨出稍大,上体后仰,重心后移,第一步用脚后跟先着地并过渡到全脚掌抵地,同时屈膝降低重心,减缓向前的冲力。接着后脚要贴近地面向前移动完成第二步着地,其脚尖稍内转,用前脚掌内侧蹬住地面,两膝弯曲并内收,重心由后脚移至两腿之间,上体稍前倾,两臂曲肘并自然张开,帮助控制身体平衡。如图5-6所示。

图 5-6

(2)跳步急停。

动作要领

在跑动中急停时,用单脚或双脚起跳(一般离地面不高),上体稍后仰,两脚同时平行着地。落地时前脚掌内侧蹬地,两膝迅速弯曲稍内收,重心落在两脚之间,两臂屈肘张开,保持身体平衡。如图5-7所示。

图 5-7

练习方法

(1)做基本站立姿势的原地双脚起跳。

(2)变方向跑2～3步做单脚或双脚起跳。

(3)在教师的统一信号下做跳和急停的模仿练习。

(4)慢跑或中速跑中听或看教师信号做跨步急停和跳步急停练习。

(5)听或看信号做急停、折线跑、急停练习。

6.转身。转身是以一脚蹬地向前或向后跨出的同时,另一脚做中枢脚进行旋转而改变身体方向的一种动作方法。

动作要领

转身时,重心移向中枢脚,另一只脚的前脚掌蹬地,同时以中枢脚前脚掌为轴蹬地,上体随移动脚转动,以肩带腰向前或向后改变身体方向。移动脚蹬地从中枢脚前(身前)进行移动的叫"前转身"。如图5—8所示。移动脚从中枢脚后方(身后)进行移动的叫"后转身"。如图5—9所示。在身体移动过程中,要保持身体重心的平稳,不要起伏。转身后,重心要转移到两脚之间。

图 5—8

行进间运用后转身,是在接近对手时,以靠近对手的脚为中枢脚,屈膝降低重心,并将重心移向中枢脚,后脚蹬地,在转头、转肩带动下向身后跨出,同时重心从中枢脚转向跨出脚加速前进。

图 5—9

7. 滑步。滑步是防守移动的一种动作方法。利用滑步移动有助于增大防守面积与保持身体平衡。常用于防运球、防切入等对抗行动中。滑步包括侧滑步、前滑步和后滑步等。

(1)侧滑步。

动作要领

两脚平行站立,两膝较深弯曲,上体微向前倾,两臂侧伸。向左侧滑步时,右脚前脚掌内侧蹬地,左脚向左(移动方向)跨出,在落地同时,右脚紧随滑动,向左脚靠近并保持一定距离,然后左脚继续跨出。滑步时,身体不要起伏,重心要低,且保持在两脚之间,眼要注视对手。如图5—10所示。向右侧滑步时脚步动作相反。

图 5—10

（2）前滑步。

动作要领

两脚前后站立，后脚前掌内侧蹬地，前脚向前跨出一小步，着地后，后脚紧跟着向前滑动，并保持前后开立姿势。如图 5—11 所示。

图 5—11

（3）后滑步。动作方法与前滑步相同，只是向后滑动。

8. 后撤步。后撤步是变前脚为后脚的一种起步方法。常用在防止持球队员从自己前脚一侧突破，多与滑步、交叉步结合运用。

动作要领

撤步时，用前脚掌内侧蹬地，腰部用力向后转体，前脚同侧臂向后摆，前脚迅速后撤，同时后脚的前脚掌蹬地。前脚后撤着地后，紧接滑步，保持身体平衡与防守姿势。后撤角度不宜过大，身体不要起伏。如图 5—12 所示。

图 5-12

练习方法

(1)综合练习(如图 5-13 所示)。

①上步双脚跳。②后转身侧跨一步双脚跳。③后退跑中单(双)脚跳。④助跑单脚跳。⑤后退单(双)脚跳。⑥变向上步双脚跳。⑦上步空中伸展跳。⑧助跑单脚跳。

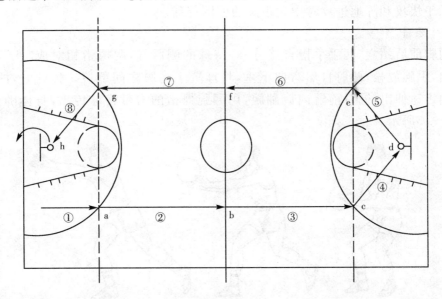

图 5-13

(2)防守步法的练习方法。

①在基本防守姿势下,分别练习滑步、后撤步和交叉步。②向前、后、左、右滑步的组合练习。③前滑步与后撤步的综合练习。④向前、后、左、右侧滑步与撤步的结合练习。⑤前、后滑步,撤步与交叉步的结合练习。⑥向前跑接前滑步或后滑步,后退跑接侧滑步或前滑步练习。⑦全场一对一徒手攻防练习。⑧半场一对一有球对抗练习。

(3)综合练习(如图 5-14 所示)。

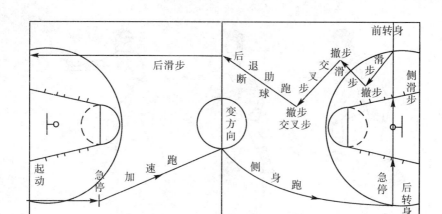

图 5—14

(二)传、接球

1. 双手胸前传球。这种传球比较迅速准确,又能与突破、投篮等动作密切配合,经常用于快攻和阵地进攻时中远距离的外围传球。

动作要领

两脚前后站立,两手手指自然分开,持球的侧后方,两拇指相对成"八"字形,手心空出,手腕放松,两肘自然弯曲下垂,将球置于胸腹之间部位。传球时,两臂向传球方向迅速伸出,同时前臂内旋翻腕,用翻腕拇指的力量将球传出,身体随之前移。如图5—15所示。

图 5—15

2. 双手头上传球。这种传球方式由于持球位置较高,特别适合高大队员使用,并能与篮下投篮相结合,还可用于外围队员之间传递和向内线传球,以及高大队员抢篮板球后第一传。

动作要领

双手持球于头上,两肘微屈,持球手法与双手胸前传球相同。传球时小臂内旋并前挥,拇指、食指和中指用力拨球将球传出。随着传球距离增加,适当增加脚的蹬地、腰腹和全身的协调用力。如图5—16所示。

图 5-16

3. 单手肩上传球。单手肩上传球是单手传球中最基本的传球方法。它具有速度快、传球距离远的特点。常用于中远距离传球。但此种传球方法必须是在有利的位置和有充足的传球时间且接球人有足够的空间时才能运用。

动作要领

以右手传球为例，双手持球于胸前，成基本姿势站立。传球时，左脚向传球方向迈出半步，转体使左肩对着传球方向，同时右臂引球至右肩上方，手腕微后屈托住球，上臂与地面近似平行，前臂与地面垂直，重心落在右脚上。接着右脚蹬地，同时转体并迅速向前挥臂，手腕前屈。最后食指、中指拨球，将球传出。身体重心移至左脚上，右脚随之向前跨出，使身体保持平衡。如图 5-17 所示。

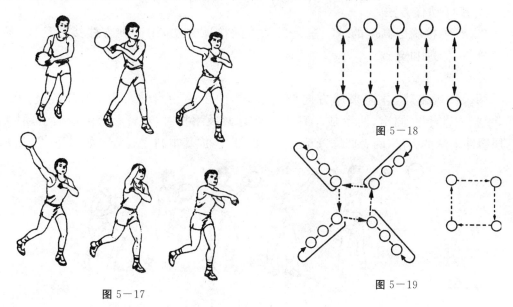

图 5-17　　　　　　　　　　　　图 5-18

图 5-19

练习方法

(1) 两列横队面对面做原地传接球练习。如图 5-18 所示。

(2) 方形队形做原地传接球练习。如图 5-19 所示。

(3) 两路纵队对面跑动做传接球练习。如图 5-20 所示。

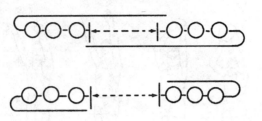

图 5-20

4. 单手体侧传球。这是一种近距离的隐蔽传球方法,多用于外围队员向内线队员传球。

动作要领(以右手传球为例)

双手持球于胸前,传球时,左脚向左跨出,左手向右加力推球,使右手引球至身体右侧,此时,持球手的拇指向上,掌心向前,手腕后屈。右手引球经右侧向前画弧,并且急促用力向前扣腕,手指用力拨球,将球传出。如图 5-21 所示。

图 5-21

5. 接球动作方法。

(1)双手接胸部高度的球。这是最基本的接球方法,用这种方法接球稳固,易于衔接投篮、传球和突破。

动作要领

两眼注视来球,并向来球方向伸臂迎球,两手手指自然分开,两拇指成"八"字形,手指向前上方伸出,两手成半球形。当球触及手指时,双臂顺势随球后引,肘关节后屈缓冲来球的力量,两手握球置于胸腹前的部位,成基本站立姿势。如图 5-22 所示。

图 5-22

(2)双手接头部高度的球。动作方法和双手接胸部高的球相同,只是迎球时双臂向前上方伸出。

(3)双手接反弹球。接球时,跨步迎球,上体前倾,两臂向前下方伸出迎球,掌心向前,五指自然张开。球反弹起来后,两手顺势握球将球移至胸腹前,上步或撤步保持基本姿势。如图5-23所示。

图5-23

练习方法

(1)两人做原地传接球练习。
(2)两列横队做接传球练习。如图5-24所示。
(3)圆圈队形做原地传接球练习。如图5-25所示。
(4)三角队形跑动做传接球练习。如图5-26所示。
(5)任意方形跑动做传接球练习。如图5-27所示。

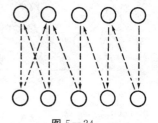

图5-24

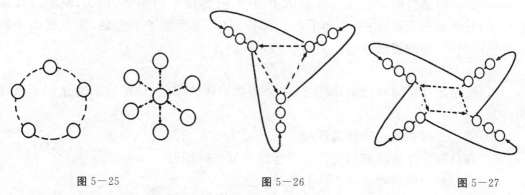

图5-25　　　　　图5-26　　　　　图5-27

(三)运球

运球是篮球比赛中突破防守,发动快攻,组织进攻配合,寻找有利时机进行传球和投篮所必需的技术。球运得好可以突破对手,创造良好的进攻机会,提高进攻战术质量。但是不择时机地盲目滥用运球,也会贻误战机。

1. 高运球。高运球是指球弹起的高度在腰腹之间的运球。这种运球的特点是队员向前推球的力量大,球反弹的高度高,队员跑动时重心高,跑运速度快,运一次球跑若干步。这种运球便于观察场上情况,多在快攻或无人防守情况下运用。

动作要领

运球时,两腿弯曲,上体稍前倾,抬头,眼睛看前或侧方,五指自然分开,用手指和手指根部控制球,以肘关节为轴,前臂上下摆动,用手指和手腕的力量向地面按拍球。当球从地面反弹起来手触球时,手腕和前臂做随球弹起而上的缓冲动作,随即向下按拍球。如图5-28所示。

2. 低运球。低运球是指球反弹的高度控制在膝关节的运球。这种运球主要用于对手接近抢球时的摆脱。

图 5—28

图 5—29

动作要领

运球时,两腿弯曲,重心降低,上体稍前倾,身体成半蹲姿势,抬头,眼睛注视场上情况,五指自然分开,用手指和手指根部控制球,以手腕关节为轴,用手指和手腕的力量接拍球,使球连续弹起。如图 5—29 所示。

练习方法

(1)做原地高运球和低运球练习,体会手接拍球的部位,球的方向变化和手对球的控制。

(2)做高运球和低运球转换练习。

(3)两只脚不停地做前后交替的高运球和低运球练习。

(4)根据教师的信号变换不同的运球方法。

3. 运球急停急起。运球急停、急起是在防守比较严密的情况下利用"动"与"静"的突然变化,借以摆脱防守的一种方法。

动作要领

运球急停、急起是运球、急停、起动 3 个动作的组合。运球急停、急起动作是用手指控制球的前上部,同时做 1 步或 2 步急停,然后突然起动快速突破运球。急停、急起运球有时能把对手甩开 2~3 步,这时进攻队员可利用防守队员向前移动的时机,突然运球起动,加速向前运球超越对手。如图 5—30 所示。

4. 体前变向换手运球。体前变向换手运球是一种通过体前从一只手换到另一只

图 5—30

手来改变运球方向的运球方法。它由于便于掌握而常用于摆脱对手的迎上堵截或变向突破上篮。

动作要领(以右手运球为例)

当运球人向防守人左侧运球,对手企图堵截而将重心向左移动时,运球队员应立即用右手按拍球的右上方,使球从右侧贴近自己的身体反弹到左侧,同时右脚迅速向左前方跨出,并落在对手右脚外侧,上体前倾,侧右肩挡住对手,左手及时按拍球的后上方,左脚用力蹬地加速,超越对手。如图5－31所示。

图 5－31

练习方法

(1)两人一组做运球急起和体前变向换手运球练习。

(2)全场曲线做变换运球练习。

(3)做急停急起与急停后退变向练习。

5.侧身运球。

动作要领(以右手运球为例)

运球时,身体侧对防守人,双膝弯曲,两脚开立略宽于肩,用身体左侧后部贴近防守者,左臂弯曲抬至胸高保护球,头向左转,从左肩上方观察前面情况。右手运球以肩关节为轴,按拍球动作就像往水中按葫芦一样,并主动迎接反弹球,如同向上提拉东西一样。运球时的脚步可用滑步式,也可用正常前进步法。

这种运球的特点是动作幅度大、力量大、控球时间长,身体和手臂时刻处于良好的保护球状态,有利于向侧加速和衔接运球转身,也便于随时衔接传球技术。如图5—32所示。

图5—32

6. 运球转身。

动作要领(以右手运球为例)

当用右手向右前方运球接近防守人时,球要移近身体右侧。用左脚向前跨出作轴,并将身体重心移到左脚上,右脚前脚掌蹬地后撤,同时向后转头、转肩,用右手将球拉至身体的后侧方,撤至右脚的落地点外(或在身体后转同时用左手将球推向后,撤至右脚落地点外),左手迅速拍球后上部加速前进。

此种运球保护性强,特别适用于贴近防守者变向摆脱,尤其是在篮下附近应用,能在摆脱防守的同时获得良好的攻击机会。如图5—33所示。

图5—33

练习方法

(1)做原地变换运球动作练习。如图5—34所示,按教师示范和要求先单独做左右或前后变向的单手运球练习,接着做单手左右变向与前后变向的综合练习。在练习中脚步亦应随之变换位置。最后再用左、右手连续完成上述练习。练习时始终要求抬头观察场上情况。

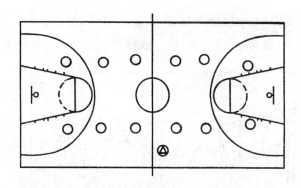

图 5－34

(2) 做"十"字运球练习。如图 5－35 所示,将 4 根标杆如图所示放置,标杆各距 5 米,发令后开始快速运球,其练习顺序是 A→B→C→D→A,从右手运球开始,每越过一根标杆换另只手运球,运球时要保持抬头姿势。

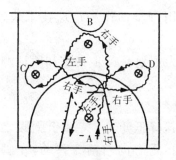

图 5－35

(3) 做圆圈低运球接力练习。如图 5－36 所示,学生听教师口令后用右手运球绕过圆圈,并手递手交给对面同伴,对面队员接球后也用右手运球绕过圆圈,手递手交给对面下一人。每组都如此循环下去,看哪一组完成得好,速度快。右手练完可换左手练习。

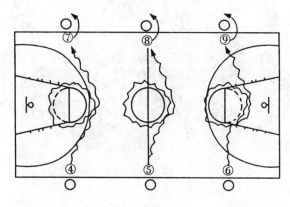

图 5－36

(4) 做全场连续绕圆圈运球练习。如图 5－37 所示,学生在教师口令下迅速按逆时针方向运球绕过圆圈,绕圆圈运球时要始终保持面向对面端线。绕圆圈时,有向前、横移、后退、交叉及侧身加速等移动步法。运球时可完成向前运球、横运球、后退运球等。等第一个人开始向第二圆圈运球时下一个人开始练习。

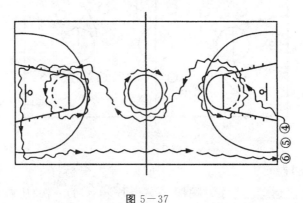

图 5-37

(四)持球突破

持球突破是持球队员运用脚步动作和运球技术快速超越对手的一种攻击性很强的技术。

持球突破的动作方法分为原地交叉步突破和原地顺步(同侧步)突破两种。

1. 原地交叉步突破。

动作要领(以右脚做中枢脚为例)

两脚左右开立,两膝微屈,降低重心,持球于胸腹之间。突破时,左脚前脚掌内侧迅速蹬地,上体右转体探肩,重心向右前方移动,左脚向右前方跨出,将球引于右侧,向外侧前下方推放球,中枢脚蹬地向右前方跨出,突破防守。如图5-38所示。

图 5-38

2. 顺步突破。

动作要领(以左脚做中枢脚为例)

准备姿势同交叉步突破。

突破时,右脚向右前方跨出一步,向右转体探肩,重心向右前移的同时,用右手推放球于右脚外侧前方,左脚前脚掌迅速蹬地,向右前方跨出,突破防守。如图

5-39所示。

图 5-39

练习方法

(1)无人防守,原地做投球突破练习,掌握交叉步和顺步突破的动作方法。

(2)两人一组,如图 5-40 所示,④投球突破⑤后,两人均后转身,④继续做突破⑤的练习,完成规定次数后互换(防守要消极)。

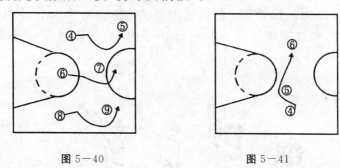

图 5-40　　　　　　　图 5-41

(3)三人一组,如图 5-41 所示,④投球运用交叉步或顺步突破⑤后,加速运球至⑥身前,④把球传给⑥后接着防守⑥的突破,⑥亦重复④的动作,⑤亦重复⑥的动作。

(五)投篮

投篮是篮球比赛中得分的唯一手段,是一种非常关键的技术。篮球比赛规则规定,只有把球投中才能得分,而比赛的胜负是由两队得分多少决定的。因此,要取得比赛的胜利,就必须要有良好的投篮技术和较高的投篮命中率。

1. 原地双手胸前投篮。原地双手胸前投篮多适用于中远距离的投篮,其优点是省力,稳定性好,又便于与传球突破相结合。女生的肘部力量较弱,适宜选择这种投篮方法。

动作要领

双手持球于胸前,肘关节自然下垂,两脚前后或左右开立,两腿微屈,重心落在两脚之间。投篮时,下肢蹬地发力,两臂向前上方伸直,前臂内旋,拇指下压,手腕前屈,食指、中指用力拨球,通过指端将球投出。球出手时身体随投篮出手方向自然伸展,脚跟微提起。如图5-42所示。

图 5-42

2. 原地单手肩上投篮。原地单手肩上投篮是篮球比赛中应用比较广泛的一种投篮方法,它是行进间单手肩上投篮、跳起单手肩上投篮的基础。它适用于不同位置、不同距离的投篮,具有出手点高、出手快等特点。

动作要领(以右手持球为例)

右手五指自然分开(手心空出),用手指和指根以上部位持球,左手扶球的左侧,右臂屈肘,将球引至右肩上方。前臂与地面接近垂直,两脚左右或前后开立,两腿微屈,重心落在两脚之间。投篮时,下肢蹬地发力,右臂向前上方伸直,手腕前屈,食指、中指用力拨球,通过指端将球投出。球出手时,身体随投篮动作向上伸展,脚跟微提起。如图5-43所示。

图 5-43

练习方法

(1)做徒手投篮模仿练习。

(2)两人一球,对面站立,相距5米左右,以单、双手原地投篮动作相互投球,注意投篮动作和身体的协调配合。

(3)两人一球,一人在篮下接篮板球传球,另一人原地做定点投篮练习,距离由近及远,互换练习。

(4)原地双手胸前投篮比赛。

(5)原地单手肩上投篮比赛。

(6)做画点投篮练习。投篮距离为5米,2人1组1球,1人投,1人传,每点投1次共5个为1组,比赛投篮命中率,相互练习。如图5-44所示。

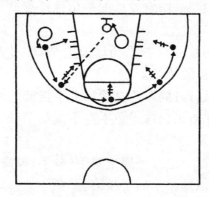

图 5-44

3. 行进间单手高手投篮。行进间单手高手投篮是快速突破、超越对手的一种快速上篮方法。它具有速度快、出手点高并便于与传球、分球等技术动作相结合的优点。

动作要领(以右手投篮为例)

跑动中右脚向前跨出一大步,同时接球,接球后右脚落地,随即左脚向前跨出一小步,并用力蹬地起跳,同时右腿屈膝前摆与之配合。然后双手迅速将球举至右肩上,右手托球,左手护球。当跳到最高点时,右腿迅速下压伸展,左手离球,右手伸臂、屈腕,用手指拨球将球投出。

4. 行进间单手低手投篮。行进间单手低手投篮也是快速突破或超越对手的一种快速上篮方法。它具有速度快、伸展的距离远和护球好的优点。

动作要领

跑动步法与行进间单手高手投篮基本相同,只是在接球后要继续加速度。投篮时,向前上方起跳,身体尽量向球篮方向伸展,右臂伸直向篮圈方向举球(手心向上),接近球篮时,挑腕,食指和中指拨球,使球向前旋转入篮。右脚跨步速度要快,左脚用力向前上方起跳。如图5-45所示。

图 5-45

练习方法

(1)做跨步接球、上步起跳、腾空投篮的模仿性练习。体会"一大、二小、三高跳"的动作要领。

(2)一人在篮下适当的位置以右手托球前上举,练习者依次跑到托球者前做跨步接球、上步起跳、腾空投篮的练习。

(3)持球从不同角度做行进间单手高手或低手投篮练习。

(4)行进间跑动接同伴传来的球做单手高手或低手投篮练习。

(5)综合练习。

①传球→快速跑→接球→运球→原地双手(单手)投篮。

②快跑→急停接球→原地单手肩上投篮。

5. 跳投。原地跳起单手头上投篮简称"跳投",具有突然性强、出手点高、不易防守的特点。可在原地或行进间急停时运用,也可和传接球、运球、移动技术综合运用。

动作要领(以右手投篮为例)

双手持球于胸前,两脚左右开立,距离略小于肩宽,右脚略领先于左脚,但最多不能超过一脚,两腿微屈,重心在两脚之间。起跳时快速屈膝降臂,脚掌用力蹬地向上起跳,同时双手举球至额前,当身体接近最高点时,左手离球,右臂向前上方伸直,手腕前屈,手指拨球。落地时,屈膝缓冲,形成下一行动的准备姿势。如图5-46所示。

图 5-46

练习方法

(1)曲线运球→原地单手肩上投篮→传球。分两组进行练习。如图 5-47 所示:④曲线运球绕过4个障碍物后,原地单手肩上投篮,自抢篮板球,并将球传给另一组的排头队员,自己站到另一组的队尾。排头队员接球后用同样的方法进行练习。

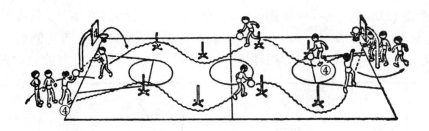

图 5—47

(2)运球→传球→接球→行进间投篮。分两组进行练习。如图 5—48 所示：④运球到中线传球给⑦后继续向前跑进,⑦回传给④,④接球后用行进间单手肩上投篮或行进间低手投篮的方法投篮,随后自抢篮板球,将球传给另一组的排头,自己站到另一组的队尾。排头队员接球后用同样的方法依次进行练习。

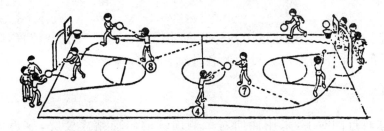

图 5—48

(3)运球后投篮练习。

①右(左)手向前运球跳步接球投篮。

②运球(向左、右)转身投篮。

(4)行进间投篮练习。半场传、接球行进间投篮练习,队员先自由持球完成行进间投篮,再拉开距离做接球行进间投篮。如图 5—49 所示。

图 5—49

(5)跳起单手投篮练习。

①接球跳投练习。如图 5—50 所示：⑥向④传球后,做摆脱移动,接④回传球跳投,④传球后到队尾,⑥跳投之后自己抢篮板球并站到⑨后；接着⑦在右侧开始练习,如此两侧交替进行。跳投距离根据学生水平确定。本练习重点体会如何保持投篮方向的正确性。

②运球急停跳起投练习。如图 5-51 所示：④向右侧前方运球,至适当距离急停跳投,然后自己抢篮板球,到另一队队尾。当④跳投时,⑤开始向左侧前运球急停跳投,⑤跳投完到④的队尾,如此循环下去。本练习重点体会运球与跳投的衔接。

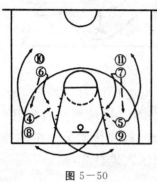

图 5-50

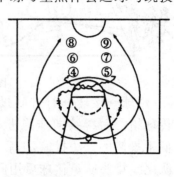

图 5-51

(六)防守

防守是指防守队员合理地运用各种防守动作积极地抢占有利位置,阻挠和破坏对手进攻,以争夺并控制球权为目的的各种动作。

1. 防守无球队员。

动作要领

防守离球较近的对手,采用面向对手侧向球的斜前站立姿势,靠近对手一侧的脚在前,堵截对手的接球路线,伸前脚一侧的手臂,封锁接球路线。防守离球较远的对手,经常采用面向球侧向对手的平行站立姿势。

2. 防守有球队员。

动作要领

对手离篮远则离对手远些,离篮近则近些。当对手运球突破,一般采用两脚平行站立,两臂侧伸不停挥摆的姿势,也可采用两脚斜前站立,前脚同侧的手臂向斜上方伸出的姿势。

练习方法

(1)一对一练习。1人投球进攻,1人防守。

(2)二对二练习。进攻队员可做出传、突、投、空切等动作,防守队员根据对手情况进行防守。

(3)四对四练习。4名攻者站成一个四角形互相传球。防守者根据球的位置,练习防守。

(七)抢篮板球

比赛中双方队员争抢投篮未中从篮板或篮圈反弹出的球,统称为"抢篮板球"。

动作要领

应根据对手和投篮队员所处的位置,正确判断篮板球的反弹方向、距离,运用快速的脚步移动,抢占有利位置。

抢占到有利位置时,身体应保持正确的基本站立姿势。起跳前,两腿屈膝,重心降低,上体稍前倾,两臂稍屈,举于体侧,重心放在两脚间。起跳时,两脚用力蹬地,两臂上摆,手臂向上伸展,腰腹协调用力。

起跳到空中时,两臂用力伸向球反弹的方向,身体和手达到最高点时,双手将球握紧,腰腹用力,迅速屈臂将球下拉置于身前。

空中抢得球落地时,两脚分开,前脚掌先着地,两膝稍屈,保持身体平衡。

练习方法

1. 原地双脚起跳模仿抢篮板球的动作。

2. 2人1组,1人向上抛球,另1人做抢球练习。

3. 2人1组,站在距离球篮3米处,1人进攻1人防守。教师在罚球线投篮,攻方可消极移动,守方转身挡人抢篮板球。亦可守方消极移动,攻方冲抢篮板球。然后逐渐加强对抗性。

三、篮球运动的基础配合

(一) 传切配合

它是进攻队员之间利用传球、切入等技术组成的简单配合。包括一传一切和空切配合两种。

示例1:如图5-52所示,④传球给⑤后,立刻摆脱对手向篮下切入,接⑤传来的球投篮。

图5-52

虚线箭头为传球路线,实线箭头为球员移动路线,以下同。

示例2:如图5-53所示,在⑤与⑥互相传球之际,⑤乘对手不备之际,突然空切篮下,接外围同伴的传球,然后投篮。

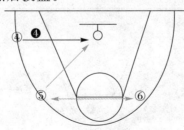

图5-53

传切配合的要求:切入队员要根据情况掌握切入的时机,果断快速摆脱对手,并随时注意接同伴的传球。传球队员要运用假动作吸引牵制对手。当切入队员已摆脱对手并处于有利位置时,应及时、准确地把球传给他。

(二)突分配合

突分配合是持球队员突破后,利用传球与同伴配合的方法。

示例:如图 5-54 所示,⑤突破后,遇到⑦迎上补防,立刻把球传给切入篮下的⑦,⑦接球后投篮或与其他同伴配合。

图 5-54

突分配合的要求:突破要突然、快速,在突破过程中既要做好投篮的准备,又要随时注意观察场上攻守队员的位置和行动,以便抓住有利战机,及时、准确地把球传给有利进攻的同伴。

(三)掩护配合

掩护配合是掩护队员采用合理的行动,用身体挡住同伴的防守者的移动路线,使同伴借以摆脱防守,或利用同伴的身体摆脱防守,从而接球进攻的一种配合方法。

掩护时,掩护队员跑到同伴的防守者前、后或侧面,保持适当距离(要符合规则要求),两脚开立,膝微屈,两臂屈肘于胸前,上体稍前倾,以扩大掩护面积。当同伴利用掩护摆脱防守时,掩护队员要及时转身跟进,准备抢篮板球或接回传球。

掩护配合可以由无球队员给有球队员做掩护,也可以由有球队员给无球队员做掩护或无球队员给无球队员做掩护。

1.前掩护。前掩护是掩护队员站在同伴的防守者前面,用身体挡住防守者向前移动的路线,使同伴借机摆脱防守的一种配合方法。

示例:如图 5-55 所示,④传球给⑤后,先做向篮下切入的假动作,然后突然跑到⑤身前,形成前掩护。⑤接球后投篮或做其他进攻动作。

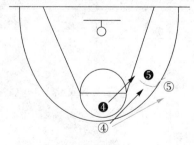

图 5-55

2.后掩护。后掩护是掩护队员站在同伴的防守者身后,挡住防守者的移动路线,使同伴借以摆脱防守的配合方法。

示例:如图 5-56 所示,⑤传球给④的同时,⑥到❺身后做掩护。⑤传球后先做切入假动作,然后利用同伴的后掩护摆脱防守,切入篮下,接④的传球投篮。⑥及时转身跟进。

图 5－56

3. 侧掩护。侧掩护是掩护队员站在同伴的防守者侧面,用身体挡住防守者的移动路线,使同伴借以摆脱防守的一种配合方法。

示例 1：无球队员给无球队员做侧掩护。如图 5－57 所示,⑤传球给④后,去给⑥做掩护,⑥摆脱防守切入篮下,接④的传球投篮。④传球前要利用假动作吸引住自己的对手。⑤掩护后要及时转身跟进。

图 5－57

示例 2：无球队员给有球队员做侧掩护。如图 5－58 所示,⑤传球给④后,跑到❹的侧后方做侧掩护。④接球后利用投篮或突破的假动作吸引住❹,当⑤到达掩护位置时,④迅速摆脱防守,突破投篮,⑤掩护后要及时转身跟进。

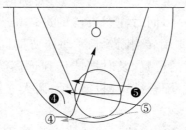

图 5－58

4. 定位掩护。定位掩护是进攻队员利用同伴的身体挡住对手的去路从而摆脱防守、创造投篮机会的一种配合方法。

示例：如图 5－59 所示,⑤传球给④后,利用假动作把❺带到⑥的身旁,然后贴近⑥切入篮下,④接球后利用假动作吸引住自己的对手,一旦同伴摆脱防守,立即传球给他。

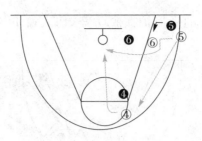

图 5-59

掩护配合的要求:①掩护时,队员的身体姿势要正确,距离要适当,动作要合理,行动要隐蔽。②被掩护的队员要利用假动作配合行动,当同伴到达掩护位置时,摆脱对手的行动要及时、突然、快速。③两人要配合默契,及时行动,并根据情况变化,及时应变,争取第二次攻击机会。

(四)策应配合

策应配合是指进攻队员背对篮筐或侧对篮筐接球,由他做枢纽,与同伴相配合而形成一种里应外合的配合方法。

示例:如图 5-60 所示,⑤传球给④后,利用假动作摆脱防守,上提到外策应位置接④的传球做策应,④传球后摆脱防守,然后接球投篮或上篮。

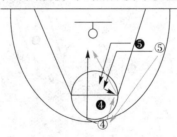

图 5-60

策应配合要求:策应者要及时抢位要球,接球后,两手持球于胸前,两肘外展保护球。策应者如果身材高大,也可把球置于头上,要随时观察场上情况,以便及时把球传给处于最有利位置的同伴,同时注意自己的进攻机会,根据攻防情况,处理好内外结合的关系。在策应时,要用转身、跨步等动作协助同伴摆脱防守或个人进行攻击。配合队员要根据策应者的位置,及时把球传到远离防守的一侧,做到人到球到,并设法摆脱防守,准备接球。配合结束(投篮)后,两人立即跟进抢篮板球。

(五)挤过配合

挤过配合是破坏掩护配合的方法之一。当对方掩护,防守队员在掩护队员接近自己时,要迅速向前跨出一步,靠近对手,从两个进攻队员之间侧身挤过,继续防守自己的对手。防守掩护的队员应及早提醒同伴并后撤一步,以备补防。

示例1:如图 5-61 所示,④传球给⑤后,去给⑥做掩护。❹要及时提醒❻,❻在掩护队员接近自己时,迅速向前跨一步,靠近⑥,并从⑥与④之间侧身挤过,继续防住⑥,此时,❹应向后撤一步,以备补防。

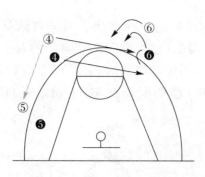

图 5-61

示例 2：如图 5-62 所示，⑤接⑥的传球后，向④的方向运球，④上来掩护，当④接近自己的一刹那，❺迅速向前跨出一步靠近⑤，并从⑤与④之间侧身挤过，继续防守，❹及时后撤一步，以备补防。

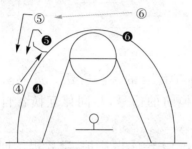

图 5-62

挤过配合的要求：挤过时要贴近进攻队员，上前抢步要快，防守掩护者的队员，要提醒同伴，并选择协防的有利位置，密切注意两个进攻队员的行动，及时做好补防的准备。

(六) 穿过配合、绕过配合

1. 穿过配合：它是破坏掩护的一种方法。当进攻队员掩护时，防掩护者的队员及时提醒同伴并主动后撤一步，让同伴及时从自己和掩护队员之间穿过，继续防守自己的对手。

示例：如图 5-63 所示，⑤传球给⑥，④给⑤做掩护，❺后撤从❹和④中间穿过，继续防守自己的对手。

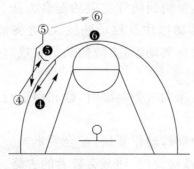

图 5-63

2.绕过配合:它是破坏掩护的一种方法。当进攻队员掩护时,防掩护者的队员贴近对手,让同伴从自己的身后绕过,继续防守自己的对手。

示例:如图5-64所示,④传球给⑥后,去给⑤做掩护,⑤切入,❺发现不便于挤过或穿过时,从❹身后绕过,❹要配合默契,主动贴近自己的对手,以便同伴顺利通过。

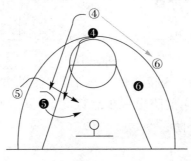

图5-64

(七)交换防守配合

交换防守配合是破坏掩护配合的一种方法。进攻队员利用掩护已经摆脱防守时,防掩护的队员及时发出换防的信号,与同伴互换各自的对手。在适当时候再换防原来的对手。

示例:如图5-65所示,⑤去给④做掩护,❺要提示同伴,❹被挡住时,❺主动呼唤同伴换防,❺防守④的运球,❹应迅速调整位置防守⑤。

图5-65

(八)关门配合

关门配合是两个防守队员协同防守突破的配合方法。当进攻队员运球突破时,防守突破的队员向侧后方移动挡住其移动路线,临近突破一侧的防守队员,应及时快速地向突破队员的前进方向移动,与突破的队员靠拢,像两扇门一样关起来,堵住进攻者的前进路线。

示例:如图5-66所示,④向右侧突破时,❹和❻进行"关门",向左侧突破时,❹和❺进行关门。

关门配合的要求:"关门"时,动作要快,配合要默契,二人要靠紧,不留空隙。与突破队员距离很近时,则可横移关门,堵截突破者的去路。

图 5-66

(九)夹击配合

夹击配合是两个防守队员防守一个进攻队员的一种配合方法。

示例1：如图5-67所示，④在后场掷界外球，❹放弃对④的防守，协同❺夹击⑤。❹面对⑤，积极封阻他从正面接球，❺在⑤的身后控制其快下的路线，并准备截断④的高吊球。❹和❺协同配合，防止⑤接球。

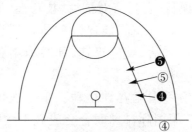

图 5-67

示例2：如图5-68所示，当④沿边线运球过中线时，❺突然迎上去迫使其停球，并协同❹夹击停球的④。

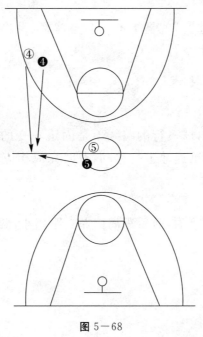

图 5-68

夹击配合的要求：

当对方运球停止和持球队员处于各个场角时，要果断夹击，并积极挥动手臂，封阻其传球路线，不要盲目抢、打球、尽量避免不必要的犯规。

第二节 排球运动

一、排球运动简介

排球运动是广大群众和青少年所喜爱的运动项目之一。

1895年排球起源于美国，然后传入亚洲和欧洲。1905年传入我国。

排球运动是以两队对抗，每队6人分为两排站位，以中间排球网为界，用手击球过网决胜负的一项球类运动。排球运动既可在球场比赛，也可作为男女老少一起托球、击球的游戏。作为竞赛项目，它具有对抗性、技巧性、集体性很强的特点。

经常参加排球运动的训练或比赛，能促进人体各器官系统的正常发育，使身体得到匀称的发展；能使人动作灵活、反应迅速，弹跳力增强；能培养勇敢、坚毅、果断等优良品质。

排球传入欧洲后，即成为一项竞赛性运动。第二次世界大战以后，排球运动得到了迅速发展和提高。1947年国际排球联合会成立于法国巴黎，之后排球运动就成为一项世界性的体育项目。1949年举行了第一届世界男子排球锦标赛，1952年举行了第一届世界女子排球锦标赛，在1964年第十八届奥运会上排球运动被正式列入奥运会竞赛项目，1965年举行了第一届世界杯男子排球赛，1973年举行了第一届世界杯女子排球赛。

所谓"世界性三大排球赛"就是指奥运会排球赛、世界排球锦标赛和世界杯排球赛，这三大比赛都是隔4年举行一次。

二、排球运动基本技术

(一)移动

在排球练习和比赛中，球飞行的路线不是固定不变的，落点也不尽相同，为了将球传到合适的位置就必须迅速地进行移动，及时完成相应的技术动作。

1. 准备姿势。

动作要领

(1)两脚左右开立稍宽于肩，前后距离比左右距离小，两脚稍内扣。如图5—69(A)所示。

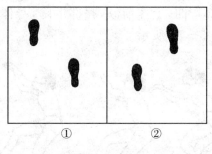

图 5－69(A)

(2)膝关节保持一定的弯曲程度。

(3)上体稍前倾,重心落在两脚之间。

(4)两臂自然弯曲置于腰腹前,掌心向下,两眼注视场上情况。如图 5－69(B)所示。

图 5－69(B)

2.移动的基本步法。移动是接好球的重要条件,移动步法的熟练程度是完成技术动作的关键。

移动通常分并步移动、滑步移动、跨步移动、交叉步移动、跑步和后撤步移动等。

(1)并步与滑步移动。

动作要领

当来球距身体一步左右时,可采用并步移动。移动方向的同侧脚先向移动方向跨出一步,当跨出脚落地时,另一脚迅速并上成击球前的准备姿势。也可先使移动方向的异侧脚并上后,再跨同侧脚。连续并步称为"滑步"。如图 5－70 所示。

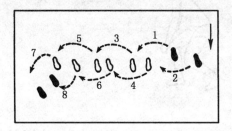 

图 5－70

(2)跨步移动。

动作要领

当来球较低,离身体 1 米左右时采用。移动时,一脚用力蹬地,另一脚向来球方向跨出一大步,跨出腿膝部弯曲,上体前倾,臀部下降,身体重心移至跨出腿上,后腿在蹬地后迅速跟上。如图5-71所示。

图5-71

(3)后退步移动。当球的落点位于体后时,可以采用。移动时,身体保持稍低的准备姿势,两脚交替向后退步,重心应保持在前面,上体不要后仰。

练习方法

(1)学生成2列横队,在教师的语言提示下,集体进行徒手模仿练习。

(2)学生成2列横队,在教师的视觉信号提示下,集体进行徒手模仿练习。

(3)采用原地走步或跑步的形式,当学生看到教师的信号时,立即做好准备姿势,并看教师的信号,向前后或左右做各种步法移动练习。

(4)队员站在半场区的中央,看到信号后起动,沿"m"字形往返移动,每次必须用手触及线的交叉点。

(二)正面双手垫球

垫球是接发球和后排防守的主要技术动作,一般常用的方法有正面双手下手垫球、侧面下手垫球、跨步垫球及滑步和交叉移动垫球等。

动作要领

1.准备姿势。如图5-72所示:两脚左右开立略宽于肩,两臂微屈置于脸前,两肘内收,掌心向下。

图5-72

2.垫球手型。如图5-73所示:双手相叠,两拇指平行,掌根夹紧,小臂外旋夹紧,手腕下压形成一个平面。

3.击球点和击球部位。如图5-74所示:当球飞到腹前一臂距离时,两臂夹紧前伸,插到球下,用腕关节以上10厘米左右的平面在腹前高度击球的后下部。

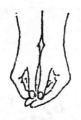

图 5—73

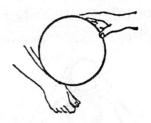

图 5—74

4. 用力方法。如图 5—75 所示：上肢以肩关节为轴，含胸、提肩、翻肘、压腕、下肢蹬伸、提腰，以上下肢的协调用力将球垫出。击球后，身体重心和手臂应继续向抬臂方向伴送，以控制球的落地和方向。

图 5—75

练习方法

1. 徒手练习垫球手型和用力方法。
2. 垫击固定球。
3. 结合准备姿势和移动技术，徒手练习垫球动作。
4. 做对墙壁垫球练习。
5. 做对垫练习。
6. 移动中做垫球练习。
7. 做不隔网的接发球练习（相距 9 米）。
8. 做隔网的接发球练习。

（三）正面双手传球

传球是排球运动中的一种最基本的技术，它是用手指、手腕的弹力和身体协调用力的一种传球方法。一般情况下，传球者需在准确判断来球的基础上，迅速移动使身体正面对着来球，才能完成正面双手传球动作。

动作要领

1. 准备姿势：两脚左右开立略与肩宽，两肩放松，两臂屈肘抬起，两手微张，置于脸前，屈膝，上体前倾，身体重心落在两脚之间，两眼注视来球。
2. 击球点：距额前上方约一球处。如图 5—76 所示。
3. 手型：两臂微张，两手十指自然弯曲略成半球状。如图 5—77 所示。
4. 触球部位：两拇指、两食指相对，成"八"字形，掌心空出，手腕稍后仰，用拇指、食指和中指托住球的后下部承受来球的冲力,用无名指和小手指包住球的两侧控制传球的方向。如图5-78所示。

图5-76

图5-77

图5-78

5.用力过程:正对来球,伸膝,展体,抬伸手臂,用上下肢的协调用力将球传出,击球时手指、手腕的动作要柔和。如图5-79所示。

图5-79

练习方法

1.徒手模仿传球手形。

2.原地自抛自接(在击球点用传球手形)。

3.持球模仿用力方法(球不传出)。

4.原地自抛自传。

5.做对墙传球练习。

(四)二传

二传是在第一传的基础上来传球,二传在比赛中起着从防守转入进攻的桥梁作用。

动作要领

1.二传时手型和手指的张开程度稍大,有助于对球的控制。

2.近网传球时,动作要有所变化,在传球前要做好预判,移动取位要准确,身体重心要稳定,动作要协调。

3.出球点和传球动作变化大,应在同一击球点上传出各种不同角度、速度、弧度和不同距离的球。如图5-80所示。

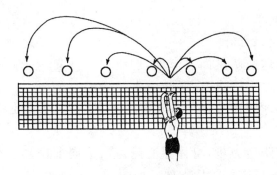

图 5-80

练习方法

1. 二人相距 5~6 米网前对传。
2. 做长距离二传练习。如图 5-81 所示。

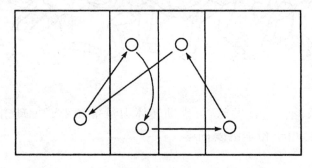

图 5-81

3. 移动中做二传练习。如图 5-82 所示。

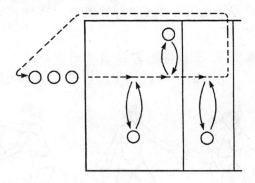

图 5-82

4. 3 人 1 组,中间 1 人做背传练习。

(五)发球

发球是比赛的开始,也是一种有效的进攻手段,它是队员站在发球区内将球抛起后,用一只手将球直接击入对方场区的一种击球方法。

发球技术可分为:正面下手发球、侧面下手发球、正面上手发球、上手飘球、勾手大力发球、勾手飘球、跳发球等。

1. 正面下手发球。这种发球动作简单,容易掌握,准确性高,但球速慢,力量小,攻击性不强,适用于初学者。

动作要领(以右手发球为例)

(1)准备姿势:发球前队员面对球网,两脚前后开立,左脚在前,两膝微屈,上体稍前倾,重心偏后脚,左手持球于腹前。

(2)抛球:左手将球轻轻抛起在体前右侧离手约20厘米处,同时右臂伸直后摆,身体重心后移。

(3)击球:借右脚蹬地力量,身体重心随着右手向前摆动击球而移至前脚,在腹前以全手掌、掌根或虎口击球的后下部。如图5-83所示。

图 5-83

2. 侧面下手发球。这种发球,可借助转体力量带动手臂挥动击球,比较有力,但攻击性不强,一般适用于初学的女同学。

动作要领(以右手发球为例)

(1)准备姿势:左肩对网,两脚左右开立约与肩宽,两膝微屈,身体重心落在两脚之间稍偏右侧处,左手持球于腹前。

(2)抛球:左手将球平稳抛送于腹前,距身体约一臂远,离手高约30厘米,右臂伸直后引至体侧后下方。

(3)击球:以右脚蹬地,向左转体的力量带动右臂迅速前摆,在腹前用虎口全手掌或掌根击球的后下方。击球后随击球动作迅速进入比赛场地。如图5-84所示。

图 5-84

3. 正面上手发球。正面上手发球指发球者正面对网站立,击球手臂由身后向前挥动,在右肩前上方最高点击球过网的一种发球方法。由于利用了全身的协调用力,所以发出的球速度快、力量大、变化多。

动作要领(以右手发球为例)

(1)准备姿势:两脚自然开立,左脚在前,右脚在后,面对球网,身体重心落在两脚之间,左手持球于腹前。

(2)抛球:左手将球垂直抛于右肩前上方,离头部约1米高,右臂抬起,屈肘后引,肘与肩平,手掌自然张开置于头后方,上体略右转挺胸展腹,身体重心移至右腿。

(3)击球:以收腹带动右臂迅速向前上方挥出,挥至手臂伸直最高点,在手掌击球后中部的同时,伴随着手腕的推压动作将球击出,身体重心前移至左脚并顺势进场。如图5-85所示。

图 5-85

练习方法

(1)做左手抛球练习。

(2)做右手击打固定球的练习。

(3)左手抛球,用右手以击球方法轻击球。

(4)距网6米将球击入对方场内。

(5)在发球区隔网将球击入对方场内。

(6)在发球区将球击入对方场内的指定区域。

(六)正面扣球

扣球是最有效的进攻方法和获得发球权的重要手段,正面扣球技术是最基本的扣球技术,其他扣球技术都是由它派生出来的。

动作要领

1.准备姿势:两膝微屈,重心在两脚之间稍偏前脚处,两眼注视来球。

2.助跑起跳:第一步的步幅较小,最后一步的步幅要大,并步后,身体重心在下降的同时迅速过渡到前脚掌,两膝弯曲稍扣,用前脚掌用力蹬地踏跳,两臂由后向前上方屈臂摆动,带动身体向上跳起。

3.空中击球:起跳后挺胸展腹,上体稍后仰,左臂自然弯曲置于胸前,右臂屈肘抬起时高于肩并后引摆至头右侧方,以收胸收腹动作带动右臂向前上方快速挥动,挥至手臂伸直最高点处猛然甩腕。击球时,五指张开成勺状包住球,以掌心为击球中心,击球的后上部,注意手腕的推压动作。

4.落地:由前脚掌先着地过渡到全脚掌着地,收腹、屈膝,注意力争双脚同时落地缓冲。如图5-86所示。

图5-86

练习方法

1. 原地做徒手模仿挥臂练习。
2. 原地做打固定球练习。
3. 助跑做打固定球练习。
4. 助跑、起跳在最高点做接住球练习。
5. 助跑做扣球练习。

(七) 拦网

拦网是排球技术中一种重要的防守技术,是与扣球相抗争的第一道防线,是得分的重要手段。

动作要领

1. 准备姿势:面对球网平行站立,两脚约与肩宽。身体距网0.5米,两膝稍屈,上体略前倾,身体重心落在两脚之间。两臂放松,自然弯曲置于胸前。注意场上人与球的变化情况。如图5-87所示。

图5-87　　　　　图5-88　　　　　图5-89

2. 移动:根据判断,可采用并步与滑步移动法。如图5-88所示。

3. 起跳:两腿屈膝下蹲,两脚用力蹬地踏跳,以肩带臂,两臂经体侧由后向前成小弧形摆动,使双手从脸前向上伸出,带动身体充分伸展,垂直向上跳起。如

图5-89所示。

4. 拦网手型：腾空后身体尽量向上伸展，两肩上提，两肘伸直，两臂平行靠近网，两手自然张开成勺状，两手间距离应小于球的直径。如图5-90所示。

5. 拦击动作：拦击时，两臂尽力过网伸向对方场地上空靠近球体。触球时，手指紧张，手腕用力前屈，盖、压、击球的上方。如图5-91所示。

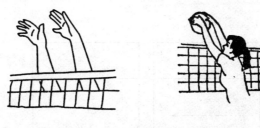

图5-90　　　　　　　　图5-91

6. 落地：含胸，收腹，由两前脚掌落地迅速过渡到全脚掌着地，双臂屈，贴近身体还原至胸前，防止触网。

练习方法

1. 原地做对网起跳练习。
2. 移动起跳做拦网练习。
3. 原地做拦抛来球练习。
4. 移动中做拦抛来球练习。
5. 做拦扣球练习。
6. 做拦网后反身接球练习。

三、排球运动的简单战术

在排球比赛中，运动员要根据双方具体情况和场上的变化，灵活运用各种合理技术，并按照一定的形式，组织有目的、有针对性的集体配合行动。

（一）阵容配备

根据队员技术水平与特长进行二传和进攻队员的力量搭配并确定阵容称"阵容配备"。主要形式有"四攻二传"，如图5-92所示；"五攻一传"，如图5-93所示；"三攻三传"，如图5-94所示。

四攻二传		五攻一传		三攻三传	
	二传		二传		二传
主攻	副攻	主攻	副攻	攻手	攻手
	二传		主攻		攻手
副攻	主攻	攻手 (接应二传)	副攻	二传	二传
图5-92		图5-93		图5-94	

(二) 位置交换

位置交换是阵容配备的补充形式,它可以充分发挥场上队员的技术特长,弥补阵容配备的某些缺陷,从而提高战术的成功率。根据发球队员击球后,双方队员在本场区内可任意交换位置的规则,主要形式有:前排队员之间的换位,如图5－95所示;后排队员之间的换位,如图5－96所示;前后排队员之间的换位,如图5－97所示。

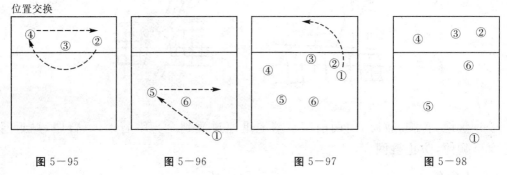

图5－95　　　图5－96　　　图5－97　　　图5－98

(三) 发球站位

发球站位指有球权的一方在准备发球时的站位。发球队员准备发球时,前排队员距网前1.5米站立并做好拦网准备,后排队员按"心跟进"站位做好防守准备。如图5－98所示。

(四) "中一二"进攻战术

二传手在③号位与④号位、②号位攻手之间的进攻配合方法称"中一二"进攻战术。组织方法如图5－99所示:③号位队员担任二传,其他5名队员都应将来球垫(传)往③号位,由二传根据不同情况将球传给④号位队员或②号位队员进攻。

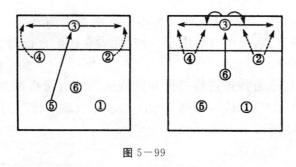

图5－99

第三节　足球运动

一、足球运动简介

现代足球起源于英国。1863年10月26日被定为现代足球诞生日。在1896年第一届奥运会上足球就被列为正式比赛项目。1904年5月21日在巴黎成立了国际足球联合会(FIFA),现已有200多个国家和地区加入这一组织。目前规模最大、水平最高、最激动人心的是世界杯足球赛,每四年一届,从1930年第一届世界杯到现在共举行了20届,第二十届在巴西举行。

足球运动是开展最广泛、影响最大、深受各国人民特别是青少年喜爱的"世界第一运动"。足球运动以其特有的魅力吸引了成千上万的现场观众和数以亿计的电视观众,它在人们生活中所占的地位和具有的意义,已远远超出体育的范畴。

(一)足球运动的特点

1. 比赛场地大、人数多、时间长、运动量大,对运动员身体和心理素质的要求高。

2. 技术动作多、战术复杂、难度大,因为它包含了其他体育项目的对抗性、竞赛性和表演性,再加上足球规则的独特性、比赛结果的偶然性等,就使它具有广泛的宣传效果和完美的娱乐艺术享受。

3. 不受气候和场地条件限制,是一项"全天候"的运动项目。

(二)足球运动的价值

1. 能增强体质,有助于体育教学。经常参加足球运动,能够提高人们的力量、速度、灵敏性、弹跳及柔韧性等多方面身体素质,能增强人体的心血管系统、呼吸系统、神经系统的工作能力,有效地增进人们的健康,有利于体育教学。

2. 能培养品质,有助于思想品德教育。足球运动可以培养人们勇敢顽强、坚忍不拔以及胜不骄、败不馁的良好品质,从事足球运动还可以培养人们团结协作、热爱集体的精神。

3. 增进友谊、促进交流。现代足球已成为一个国家的政治、经济和文化的一种交流工具,通过比赛能促进和发展学校间、社区间、国际间友谊,共同提高足球运动水平。

4. 活跃经济,创造社会财富。在市场经济极为活跃的今天,足球职业化、商业化程度越来越高,大力发展足球产业,通过销售门票、授权电视转播、收取运动员转会费、广告费等可获取丰厚的利润,同时还能带动运动器材、服装、饮食、旅游等行业的发展,不仅增加了国家经济收入,也使足球俱乐部和运动员的收入增加。

二、足球运动基本技术

足球运动是以脚支配球为主,两个队互相进行攻守对抗的一项体育运动。它的基本技术包括以下几种:

(一)脚内侧踢球

一般常用的踢球脚法有四种:脚内侧、脚背内侧、脚背正面和脚背外侧。虽然踢球的方法较多,动作要领也有所不同,但是每一种踢法都是由助跑、支撑脚站位、踢球腿的摆动、脚触球和踢球后的随前动作5个环节组成。

脚内侧踢球是运用大趾骨、舟骨和脚跟所连成的三角部位接触球的一种踢球方法。

动作要领

直线助跑,支撑脚踏在球的侧方15厘米左右,膝关节微屈,脚尖正对出球方向。

踢球脚以髋关节为轴自然摆动，前摆时，屈膝外转，脚尖稍勾起，脚掌与地面平行，用脚内侧部位击球的后中部。如图5－100所示。

图5－100

练习方法

1.原地做脚内侧踢球的模仿练习。

2.踢定位球：①1人踩住球，1人踢。

②1人踩住球，1人上1步用脚内侧踢球。

3.相距2～4米踢地滚球。

4.相距7～8米射简易小球门。

5.做射门练习。

(二)脚背正面踢球

脚背正面踢球与脚内侧踢球一样是一般常用的踢法。它是用脚背正面部位（中间几个趾骨的背面）接触球的一种踢球方法。

动作要领

直线助跑，最后一步大而积极，两眼注视球。支撑脚踏在球的侧方10～15厘米处，脚尖与出球方向一致，膝关节微屈。在支撑脚跨步着地的同时，踢球腿的大腿后引，小腿尽力后屈。在支撑脚由斜撑过渡到直撑时，踢球腿以髋关节为轴，大腿带动小腿由后向前摆动。当膝盖摆至接近球的正上方时，小腿加速前摆。击球瞬间，脚背绷直，脚腕压紧，以脚背正面击球中后部。击球后，踢球腿应随球继续前摆。如图5－101所示。

图5－101

练习方法

1.原地模仿脚背正面踢球。

2. 踢定位球。

3. 相距4～5米做脚背正面传接球练习。

4. 做脚背正面踢抛出的球练习。

5. 做射门练习,设守门员。

(三)脚背内侧运球

运球又称"带球",是队员在跑动中用脚的推拨动作,使球保持在自己控制范围内的连续触球动作。最基本的运球方法有脚背内侧和脚背外侧运球。

动作要领

跑动时,身体自然放松,步幅要小些,上体前倾并稍向运球方向运动。运球脚提起时,膝关节稍弯曲,脚跟提起,脚尖稍外转,在迈步前伸着地前,用脚背内侧拨球。如图5－102所示。

图5－102

练习方法

1. 在走动或慢跑中做运球练习。

2. 在地上画"8"字,做运球练习。

3. 绕杆运球。

4. 脚背内侧运球比赛。

(四)脚内侧停球

停球的方法有很多,有脚内侧停球、脚底停球、胸部停球、脚背停球等。一般常用的有脚内侧、脚底和胸部停球三种。脚内侧停球用于停地滚球、反弹球与胸部以下的空中球。

1. 停地滚球。

动作要领

迎球跑上,当离球较近时,停球脚微抬起,并向前稍伸出,脚内侧正对来球,支撑脚屈膝支持身体重心,全身自然放松,特别是停球脚的踝关节和膝关节要自然放松。自球接触停球脚的刹那,停球腿以大腿为轴,小腿和脚稍向后撤,主要靠脚腕子放松缓冲来球的力量。脚接触球的部位同脚内侧踢球。停球时,身体稍向前倾,重心低一些。如图5－103所示。

图 5－103

2. 停反弹球。

动作要领

首先要判断来球落点,支撑脚站在球落点的前侧方,膝关节弯曲,上体稍前倾,停球腿向后上方稍提起,膝关节弯曲,停球脚尽量放松,使来球进入停球脚与地面所成的角内。如图 5－104 所示。当球刚刚反弹起来时,用脚轻轻下压,把球停住。如果把迎面的来球停在侧方时,支撑脚应站在落球地点的侧后方,其他动作相同。如图 5－105 所示。

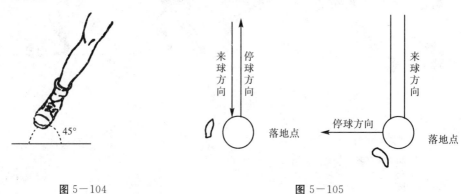

图 5－104　　　　　　　　　　图 5－105

3. 停胸部以下的凌空球。

动作要领

支撑脚站在来球方向的侧方约半米至 1 米的地方,膝关节弯曲支持身体重心。在接近来球时,停球腿的大腿带动小腿迅速抬起,以便在球的行进路线上把球挡住。这时膝关节弯曲,踝关节放松,当接触球时,小腿稍稍后撤,但要放松,然后再把停下的球压低。如图 5－106 所示。

图 5－106

练习方法

1. 原地做停地滚球、反弹球、胸部以下的凌空球模仿练习。
2. 2～3人1组,1人抛,其他2人轮流做各种停球练习。
3. 2人1组,相距2～4米做停地滚球练习。
4. 2组相距2～4米在行进中做停球练习。如图5－107所示。

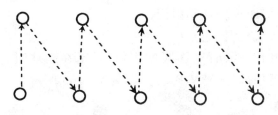

图 5－107

(五)掷界外球

在一场比赛中,掷界外球的机会有很多,如果能掷得远和掷得准确,就能创造良好的进攻机会。掷界外球分原地和助跑两种。

1. 原地掷界外球。

动作要领

面向球场,两脚定于边线外或踏在边线上,双手持球置于头的后方,上体尽量后仰,膝微屈,重心落在两脚上,利用两脚蹬地、摆体收腹、挥臂、屈腕的连贯动作将球经头顶向场内掷出。掷球时,要动作连贯、双手力量平均,球掷出后,双脚可以滑动,但双脚均不得离地或踏入场内。

2. 助跑掷界外球。

动作要领

助跑要轻松自然,速度快慢按掷球远近而定。跑动时,双手持球于胸前,在助跑迈出最后一步时,上体后仰成背弓,同时将球上举至头后,运用原地掷界外球的动作,借助于助跑的速度,把球掷向场内。如图5－108所示。

图 5－108

练习方法

1. 徒手模仿原地和助跑掷界外球。
2. 2人1组,间距5～7米互掷界外球。

3. 原地或助跑掷界外球比赛。

4. 原地或助跑，掷固定目标，掷到得1分。

5. 小场地教学比赛。

(六) 脚背外侧踢球

这种踢球突然性强、变化大，并常有隐蔽性，可利用脚腕的灵活性做多种削、弹、拨等踢法。常用于中短距离传球和射门。

动作要领

踢定位球，基本动作与脚背正面踢球相似，只是在踢球时，脚背绷直，脚尖向内转，用脚背外侧踢球后中部，腿随势摆动。如图5－109所示。

图5－109

练习方法

1. 1人用脚掌把球踩在地上，另1人由助跑开始做脚背外侧踢球动作。

2. 踢对方抛来或轻踢过来的地滚球，要迎球跑动，把对方踢来的球准确地踢回去。

3. 对墙踢球，由近及远，由定位球到不定位踢球。

4. 多人一球练习。多人分两组成"一"字形相对站立，距离20～30米，用一球练习。如图5－110所示。

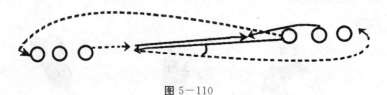

图5－110

(七) 头顶球

根据接触部位的不同头顶球可分为前额正面头顶球与前额侧面头顶球两大类。

1. 前额正面头顶球。

动作要领

身体正对来球，两脚前后开立，屈膝，上体稍后倾，重心落在后脚上，眼睛注视来球，当球运行到身体垂直部位的刹那，后脚用力蹬地，身体重心由后移向前脚的同时，迅速向前摆体，颈部紧张，快速甩头，用前额正面顶球的后中部。如图5－111、5－112所示。

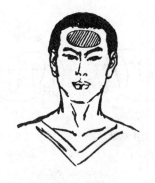

图 5-111

图 5-112

2. 跳起前额正面顶球。

动作要领

向上跳起过程中,挺胸收腹,注视来球,在跳起接近最高点准备顶球时,身体成背弓。当球运行到身体的垂直部位前的刹那,快速收腹,折体前屈并甩头,用前额正面将球顶出。顶球后,两腿自然屈膝,脚跟落地。

练习方法

1. 做各种头顶球的模仿练习。

2. 利用吊球架上吊着的足球,进行各种完整顶球动作练习。

3. 2人1球,1人抛球,1人练习顶球。

4. 3人1球,1人抛球,另2人练习争顶球,3人轮换进行。

(八)守门员技术

守门员技术包括准备姿势和站位、移动、接球、扑球、发球、击球、托球、掷球和踢球等。

1. 接球前的准备姿势和站位。

动作要领

接球前两脚自然开立与肩同宽。两膝微屈,身体重心放在两脚掌上,脚跟略为提起,两臂微屈置于胸前,手指自然张开,掌心向内,两眼注意来球。如图5-113所示。

对方射门时,守门员一般应站在射门点向两球门柱连线形成的分角线上。如图5-114所示。当对方近射时,守门员靠前站些,以缩小射门角度;当对方远射时,可适当靠前站,但要防备对方吊球进门。守门员站位以能及时回防的距离为宜。

守门员经常采用侧滑步和交叉步两种方法向两侧移动。一般接两侧低平球时用侧滑步移动,接两侧高球或扑球时,为了便于蹬地跃起,多采用交叉步移动。如图5-115所示。

图 5-113

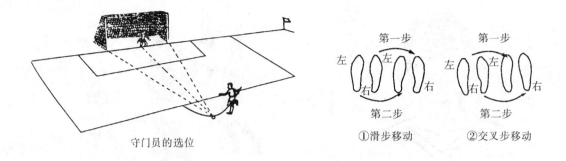

图 5-114   图 5-115

2. 接地滚球。

动作要领

要面对来球,两脚平行站立而稍分开,两膝伸直,脚尖向前,上体前屈,两臂自然下垂,五指自然分开,手心向着球。球一触手,两臂开始向上蜷屈,把球抱在胸前。如图 5-116 所示。也可以用下跪的方法接地滚球,接球时两脚前后开立,前脚尖稍向外转,后腿下跪,同时膝向内转,上体前屈,重心放在前脚上,两臂下伸,五指张开,手心对球,球触手指后,两臂开始蜷屈,将球抱于胸前。如图 5-117 所示。

图 5-116   图 5-117

练习方法

1. 徒手做准备姿势练习。

2. 徒手做滑步和交叉步移动练习。

3. 做 1 人抛地滚球,1 人接球练习。

4. 做脚内侧踢地滚球结合守门练习。

5. 小场地比赛,设守门员。

三、足球运动的简单战术

(一)直传斜插二过一

动作要领

球走直线,人跑斜线。如图 5-118 所示。

图 5—118

图 5—119

(二)斜传直插二过一

动作要领

球走斜线,人跑直线。如图 5—119 所示。

(三)踢墙式二过一

动作要领

传球队员把球传至接应队员脚下,接应队员不经停球,直接把球传出。

(四)交叉掩护二过一

动作要领

2 个进攻队员交叉跑动,1 人做掩护,1 人插进,传球配合越过对方 1 个防守队员。如图 5—120、5—121 所示。

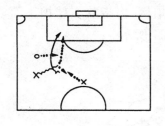
图 5—120

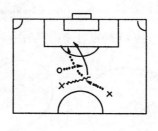
图 5—121

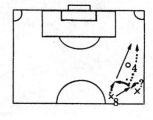
图 5—122

(五)回传反切二过一

动作要领

进攻队员回传后反身切入越过紧盯在身后的防守队员再接球。如图 5—122 所示。

练习方法

1. 2 人 1 组,以手抛接球配合越过固定障碍,模仿各种"二过一"方法。

2. 2 人 1 组,运用各种"二过一"配合的方法,越过固定障碍物。

3. 3 人 1 组,1 人防守,2 人进攻,进攻失误者转为防守者,而先前防守者转为进攻队员,反复练习。

4. 进行 4 或 5 人的对抗练习或进行训练比赛。

第四节 乒乓球运动

乒乓球的基本技术一般分单项技术和结合技术。单项技术是指各种单个的技术动作,这是初学者必须掌握的,结合技术是指几种单项技术的结合运用。

一、握拍法、基本站位、基本姿势

(一)握拍法

握拍是学习乒乓球技术首先要解决的问题,握拍的方法有两种:直拍和横拍。

1. 直拍握拍法。以拇指的第一关节压住球拍左角,食指的第二关节压住球拍的右角,食指的第一关节自动向内弯曲,拇指与食指之间的距离应适中,其余手指自然弯曲,托于球拍的背面。如图5-123所示。

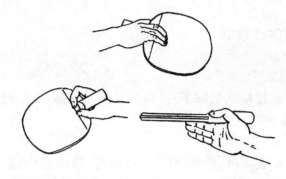

图 5-123

2. 横拍握拍法。以中指、无名指和小指自然弯曲握住拍柄,拇指放在球拍正面,食指自然伸直斜放于球拍反面,虎口轻贴于拍。如图5-124所示。

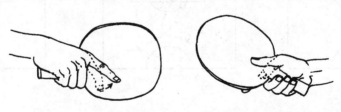

图 5-124

(二)基本站位

基本站位应根据不同类型的打法、个人技术特点和身体特点来选定。选择站位应考虑到技术特长的发挥。

动作要领(以右手持拍为例)

1. 左推右攻打法,基本站位在近台偏左,距球台30～40厘米左右。
2. 两面攻打法,基本站位在近台中间偏左,距球台40～50厘米左右。
3. 弧圈球打法,基本站位在中台偏左,距球台50厘米左右;两面拉弧圈球打法,基本站位在中台略偏左。
4. 横板攻削结合打法,基本站位在中台附近;削球打法,基本站位则在中远台附近。

(三)基本姿势

练习者在还击来球之前应保持正确的身体姿势,蓄势待发,以便快速起动,抢占合理的击球位置。

动作要领

击球身体的基本姿势应做到如图 5－125 所示：

1. 两脚平行站立，距离略比肩宽，体平稳，重心置于两脚之间。

2. 两脚稍微提踵，前脚掌内侧着地，两膝微屈内扣，上体含胸，略前倾。

3. 右手握拍于腹前，手臂自然弯曲，持拍手腕放松，左手协调平衡。

4. 下颌稍向下收，两眼注视来球，形如箭在弦上，视球以外无物。

基本姿势中关键是做到重心低，起动快。两脚略比肩宽和屈膝内扣是为了保持身体重心的稳定性，脚掌内侧着地和稍微提踵是为了保证快速起动。

图 5－125

练习方法

1. 集体徒手练习准备姿势和各单个步法，教师边口令指挥，边纠正动作。
2. 集体徒手站立，结合击球运动进行各种步法练习。
3. 站在后台，结合击球运动进行各种步法练习。
4. 方法同上，进行组合步法的练习。
5. 假设各种击球情况，教师发出信号，学生选择适宜的步法进行练习。
6. 有发球机的学校，可在发球机上练习各种组合步法。
7. 教师采用多球调动学生进行各种步法的练习。

二、发球与接发球

(一) 发球

发球是乒乓球比赛中每一分球的开始，也是乒乓球技术中唯一不受对方球制约，又能最大限度地实现自己的技术意图的技术。

1. 正手发平击球。平击球发出的球一般不带旋转，速度中等。

动作要领

击球前：左脚稍前，身体略向右转，左掌心托球置于身体右侧前方，右手持拍于身体右侧。左掌向上抛球的同时，右臂内旋，使拍面角度前倾成半横状，并向右后方引拍。

击球时：当球下落时，身体重心由右脚向左脚移，腰带动上臂，上臂带动前臂挥拍；球落至稍比网高时，快速挥拍击球的中部偏上。球击出后第一落点在球台中间。击球后，手臂顺势前挥并迅速还原。如图 5－126 所示。

图 5-126

2. 反手发急球。这种球速度快、弧线低、前进力强,便于发挥速度优势,为进攻创造条件。

动作要领

站位距台 40~50 厘米。动作类似反手攻球,击球位置不宜距台面太高,击球时,食指稍用力压拍,拍形微前倾,球拍触球瞬间应有一向前的爆发力,切忌向下砸球。球击出后第一落点应接近本台端线。如图 5-127 所示。

图 5-127

3. 正手发下旋球。这种发球下旋力强,速度较慢,如能用相应动作的不转球配合,效果更佳。

动作要领

站位距台 40 厘米,左脚稍前。抛球时,在身体略右转的带动下,持拍手向右后上方引拍,手腕上提,拍形稍后仰。当球落至与网同高时,身体稍左转,重心稍下降,以前臂发力为主,触球瞬间手腕有一爆发力,摩擦球的中下部,用拍面偏左的位置触球。如图 5-128 所示。

图 5-128

4. 发侧旋球。这种发球具有左(或右)侧旋转力,飞行中略有一定的侧向偏转,若用平击动作接此发球,会向左(或右)侧偏飞。实战中,侧旋球与上、下旋球结合使用，往往会给对方造成错觉，致使其接球失误或给发球者创造抢攻机会。

动作要领

站位距台40～50厘米。向侧上方引拍、提腕，待球下落至与网高时，腰带动上臂和前臂向侧挥动，触球瞬间手腕、手指用力向侧上方摩擦球的中部。发左侧旋时，球应触球拍的偏左部位，如图5－129所示；发右侧旋时，球应触球拍的偏右部位，如图5－130所示。

图5－129

图5－130

练习方法

1. 做抛球练习。
2. 2人1组，在台上进行单一发球练习。
3. 做单人多球的发球练习。
4. 进行先斜线后直线、先不定点后定点的发球练习。
5. 先进行单一旋转性能的发球练习，后进行同一手法不同旋转、不同落点的发球练习。

(二)接球方法

1. 接急球：发过来的球速度快，带有上旋，左右急球不宜移动过大，可采取侧身回接，一般用反手推挡或反手回击；右方急球用正手快带，快攻借力回接，如果用削球回接，则必须移动步法向后退一些，等来球力量减弱时再回接。

2. 接下旋球：发过来的球速度较慢，触拍后向下反弹，用搓球回接时，注意拍面后仰以增加向前上方的发力。用拉攻或弧圈球回接时，一定要增加向上提拉的力量。

练习方法

1. 通过理论上的学习，了解各种旋转球的性能，然后用固定的方法回接单一旋转的来球。

2. 在上述基础上,练习接对方近似手法发出的两种不同旋转的来球,以提高适应能力。

3. 逐步掌握用不同的技术方法回接对方发来的旋转球,以提高适应能力。

4. 在初步掌握接发球的技术后,要提高接发球的主动性和控制能力,以摆脱被动地位。

5. 在练习接发球的同时,还应逐步提高防御对方抢攻的能力。

6. 通过记分比赛来提高接发球的能力。

三、推挡球

这种推挡动作球速慢、力量轻、变化小,动作简单,容易掌握,是初学者的入门技术。

动作要领

两脚平行站立,身体靠近球台。

击球前:上臂贴近身体,前臂约与台面平行,球拍置于腹前,略高于台面呈前横状,拍面近乎垂直。

击球时:调整好拍形,在来球上升前期触球中部或中上部,借来球的反弹力将球弹回。

击球后:迅速还原,准备下一次击球。如图5-131所示。

图 5-131

练习方法

1. 熟悉球性,先做托球和对墙击球的练习。
2. 徒手挥拍模仿推挡动作,体会击球的动作要领。
3. 做台上推挡球练习,以稳健为主。
4. 做左半台反手推挡球练习。
5. 做快推和挡球结合练习。
6. 两人在台上先推中线,再推直线和斜线,逐渐加快速度,体会快推动作。

四、攻球技术

(一)正手近台快攻

这种快攻球要求站位近、动作小、球速快,借反弹力量击球,结合控制落点,可以直接得分或打乱对方防守,为扣杀创造条件。

动作要领

击球前:右脚稍后,站位近台偏左,身体离台约50厘米,两膝微屈上体略前倾,两眼注意来球。

击球时:前臂后引拍,引至身体右侧稍后,手臂自然弯曲并做内旋,拍面稍前倾,当来球到上升期,持拍手迅速向左前方挥拍,手腕内收,拍面稍前倾,击球的中上部。

击球后:球拍随势挥到额前左侧,身体重心随击球运动从右脚移至左脚,并快速还原成准备姿势。

(二)反手中近台攻球

这种攻球站位稍远,照顾范围大,主动发力击球,力量大,对攻时能争取主动,防守时亦可用此法实施反击。

动作要领

击球前:身体的准备姿势不变,左脚稍前,身体离台约1米;引拍时,手臂自然弯曲,拍面接近垂直,随腰、髋右转动做手臂大幅度向后移动,将球拍引至身体右后方。

击球时:上臂带动前臂向左前上方挥拍,同时右脚蹬地,重心前移,腰、髋左转,配合发力,在来球到最高点或下降前期时击球的中部并向前上方摩擦。

击球后:球拍随势前移,重心亦移至左脚,然后迅速还原成准备姿势。

练习方法

1. 做台下上肢徒手模仿练习,体会动作要领。
2. 在原地做上肢徒手模仿动作的基础上,结合步法做台下徒手练习。
3. 做台上单个动作练习,规定一个发球一个练攻球。打一球后再重新发球。
4. 做一推一攻练习。
5. 做对攻练习。
6. 做推和攻结合练习。

第五节 羽毛球运动

羽毛球是一项深受广大群众喜爱的体育运动项目,它具有速度快、技术复杂多样、战术灵活多变、竞争激烈、利于开展以及适于普及等特点。

一、握拍法、发球

(一)握拍法

握拍法是羽毛球击球技术的基础,其对学习和运用各项基本技术具有十分重要的作用。羽毛球的基本握拍法有两种:正手握拍法,如图5-132所示;反手握拍法,如图5-133所示。

图5—132　　　　　　　　图5—133

(二)发球

羽毛球的发球技术可分为正手发球和反手发球,根据发出后在空中飞行的弧线和落点的不同,分为高远球、平高球、平快球和网前球等。如图5—134所示。

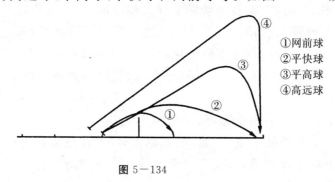

①网前球
②平快球
③平高球
④高远球

图5—134

1. 发球站位。

动作要领

开始发球前选择有利位置。一般情况下,单打发球站位应选择在球场中心线附近,离前发球线1～1.5米处,双打发球站位则应站在靠近前发球线的地方。

2. 准备姿势。

(1)正手发球。

动作要领

两脚前后站立,与肩同宽,侧身对网,左脚在前,脚尖对网,右脚在后,脚尖侧对网,身体重心在后脚。右手持拍向右后侧自然举起、屈肘,左手持球举于前腹胸间处,眼睛注视对方。发球时,重心由后脚移至前脚。如图5—135所示。

(2)反手发球。

动作要领

两脚前后站立,左(右)脚在前,右(左)脚在后,上体

图5—135

稍前倾,重心在前脚。右手反握球拍,将球拍摆在左腰侧前,肘部微屈稍抬高,拍框朝下,拍面稍后仰右手自然放松,左手持球于腹前腰下处。如图5-136所示。

图 5-136

练习方法

1. 徒手做发球前的准备姿势和模仿发球的动作练习。
2. 2人1组相互发球,或1人用多球做连续发球的完整练习。
3. 定点做发球练习。
4. 不定点做发球练习。
5. 练习发不同种类的球,提高发球动作的一致性和变化能力。

二、接发球

接发球是指将对方发过来的球还击到对方境内。接发球和发球在比赛中同样起着主要的作用。

(一)单打接发球

1. 站位。

动作要领

在右发球区接发球时,站在靠中线离前发球线1.5米处;在左发球区接发球时,站在该发球区的中间位置。

2. 准备姿势。

动作要领

两脚前后开立,一般应左脚在前右脚在后,身体侧身对网,重心在前脚,后脚脚跟稍离地,双膝微屈,收腹含胸,左手自然抬起屈肘,右手持拍于右身前,思想集中,两眼注视对方。如图5-137所示。

图 5-137

(二)双打接发球

1. 站位。

动作要领

双打比赛接发球,站在接发球区内离前发球线较近的位置,以利于对付对方的网前线,或利于快速上网击球。

2. 准备姿势。

动作要领

与单打接发球准备姿势基本相同,身体重心随意放在任何一脚上,球拍要举高,争取主动。

练习方法

1. 用固定的一种基本技术接对方的单一发球。
2. 运用各种技术方法接对方的单一发球。
3. 做综合性发球与接发球的对抗练习。
4. 做提高接发球能力的练习,努力提高接发球抢攻的技能。

三、击球法

(一)正手高远球

将对方击向本方后场区靠近端线附近的球,在头部上方将其还击到对方后场区的击球方法,统称为"高球"(亦称"拉球")。按其不同的飞行弧线,通常将比较平直的称为"平高球",反之称为"高远球"。如图5—138所示。

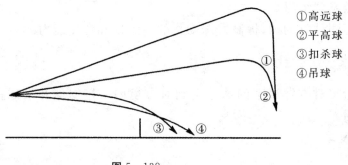

图 5—138

动作要领

击球前,身体先半侧对球网,右脚在后,左脚在前,两脚尖均踮起,重心自然落在右脚脚掌上。右手采用正手握拍法握拍,自然将球拍举到右肩侧上方,左手自然上举,眼睛注视来球。当球下落到击球点高度时,右腿开始蹲伸,并以髋关节带动身体由右向左移动,做左脚后撤、右脚前迈的两脚交叉动作。伴随下肢蹬转动作,胸部舒张,两侧肩关节外展,左手自然上举,持拍臂向后移动,保持高肘后撤球拍。在腰腹协调用力的配合下,大臂带动小臂利用伸肘关节、前臂内旋和屈腕的力量,向前上方甩臂挥拍击球。在球拍与球接触的瞬间,迅速握紧球拍将球击出。如图5—139所示。

图 5-139

(二) 吊球技术

吊球是指把对方击来的高球从后场区还击到对方的网前区。

动作要领

根据来球的不同路线和高度,吊球可采用正手或反手、高手或低手来打。高手吊球按球的飞行弧线和击球动作的不同可分为劈吊、轻吊和拦截吊 3 种。如图 5-140 所示。

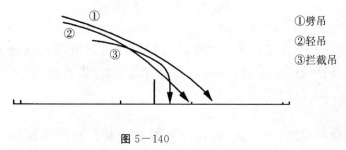

①劈吊
②轻吊
③拦截吊

图 5-140

练习方法

1. 进行徒手拦防挥拍练习,体会动作要领。
2. 通过定点吊球练习,体会"切击"动作。
3. 逐步过渡到"高吊"组合练习,提高后场引球动作的一致性。

四、基本步法

羽毛球基本步法是在大约 35 平方米的本方场地上,运用持体、并步、跨步、交叉步、垫步和蹬跳等动作,进行快速、合理并有一定规律的上网、后退和两侧移动的方法。

(一) 站位与准备姿势

动作要领

接发球时的站位以左脚在前、右脚在后为宜,这样的站法有利于运用正手回击。除接发球外,多半采用右脚稍前、左脚稍后的站法,这样便于上网与后退。在防守接发球时,采用双脚左右开立,以利于向两侧移动,同时重心要降低些,以利于起蹬。

(二) 基本步法

1. 上网步法。根据上网时脚步移动方法的区别,上网步法可分为跨步(又称"交叉步")上网、垫步上网和蹬跳步上网。

2. 后退步法。分为正手击球后退步法和交叉步后退步法。

3. 两侧移动步法。分为向右侧移动步法和向左侧移动步法。

4. 起跳腾空步法。对方打弧线较低的平高球,当球从右侧上空飞向底线时,用左脚向右侧蹬地,右脚起跳,身体向右侧上空跃起截住来球,突击扣杀对方空当;当球从左侧上空飞向底线时,右脚向左侧蹬地,左脚起跳,用头顶击球法突击。

练习方法

1. 在教师的统一口令下模仿实战持体、并步、跨步、交叉步、垫步和蹬跳等分解步法。

2. 徒手做单一路线的移动步法练习。

3. 做综合步法的练习。

4. 采用手势信号或多球进行场上步法移动练习。

5. 进行组合和连贯的步法移动练习。

第六节　网球运动

网球起源于19世纪的英国,20世纪开始在世界范围内快速发展。它是一项优美而充满竞技性的体育运动,和高尔夫球一起享有"贵族运动"之称。

一、场地

网球场地分草地、沙土地、硬地和塑胶等4种。目前国际性的网球比赛是在草地、沙土地或塑胶场地上进行的。硬地由水泥或沥青铺设,在群众性网球活动中比较多见,而正规的网球比赛已经不在这种场地上进行。例如温布尔顿网球赛和澳大利亚网球公开赛使用的是草地;法国网球公开赛使用的是沙土地;美国网球公开赛则是在塑胶场地上进行。

网球场呈长方形,用球网将球场分隔成相等的两个区域。全场各区的丈量,除中线外,都从各线的外沿计算。全场除端线可宽至0.1米外,其他各线的宽度均不得超过0.05米,也不得少于0.02米。

各线的长度分别为:

边线——球场两边的界线,23.77米。

端线——球场两端的界线,单打为8.23米,双打为10.97米。

发球线——与端线、球网平行,至端线距离为5.485米,至球网最近处6.40米。

发球区——发球线与边线(单打场区)之间的地面分成4个相等的区域,每半场有左、右两个发球区,长6.40米,宽4.115米。

中点——位于端线中间的短线,长0.10米,宽0.05米。

网柱——高1.70米,直径不超过0.15米,离边线0.914米。

球网——单打长10.06米,双打长12.80米,球网中央高为0.914米。如图

5—141、5—142所示。

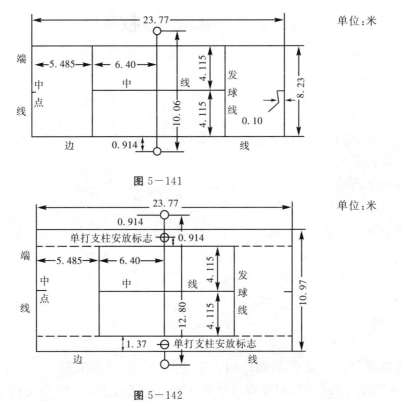

图 5—141

图 5—142

二、比赛方法

网球比赛分为两个选手之间的个别对抗(称"单打")和两对选手之间的集体对抗(称"双打")。每次对抗由比赛规定的盘组成。一场高水平的男子比赛一般按五盘三胜制决定输赢。比赛时,球场界线内的部分被视为打球区域。因此,若球的部分压在界上或擦线,该球都被视为界内,当整个球抛出线,才算界外。

□思考题

1. 篮球运动的基础配合有哪些?
2. 简述排球运动的特点。
3. 足球基本运动技术包括哪些?

第六章　游泳与救护

□ 学习目标

1. 熟悉水性,能在水里自由游进。
2. 掌握简单的水中和岸上急救方法。
3. 学会欣赏游泳比赛中运动员美的表现。

游泳是利用水的特性,凭借肢体动作与水的相互作用而进行的一项运动。经常参加游泳活动,对匀称地发展肌肉、提高心肺功能、促进新陈代谢以及培养勇敢、顽强的意志品质等都有积极的作用。

第一节　熟悉水性

熟悉水性是学会游泳的基础。初次下水的人,受到水的阻力、浮力、压力的影响,往往很不习惯,有站不稳和呼吸困难的感觉。熟悉水性,目的是使初学者了解水的特性和适应水的环境,初步培养利用水的浮力克服水的阻力等能力,为掌握游泳技术打下基础。

一、水中行走

通过这个练习,体会人体在水中受到的阻力。

1. 结队前进。分若干小组,各成一路纵队或横队,手拉手走到平膝深的水中,面向岸边,两手放下,听信号,各自走回岸边。

2. 水中赛跑。在齐腰深的水中,分成若干小组进行水中的徒手接力赛跑,可采用两手体侧划水。

二、水中闭气

目的是使初学者五官习惯于水的刺激,初步克服怕水的心理。

1. 2人手牵手相对站立在齐腰深的水中,轮流蹲下与起立。蹲下前先吸一口气,蹲下时动作要从容徐缓,不必紧张用力。起立后先用口、鼻吸气,再张大口呼气。经过几次练习,闭气时间可从3秒增加到15秒。如图6-1所示。

2. 2人1组,相距约1.5米,互相用手泼水。要求睁眼,手不擦脸上的水。

3. 轮流蹲下,头浸入水中,睁眼看同伴伸出了几根手指,看清后出水,并向同伴报告观察的结果。

图 6—1

三、水中呼吸

呼吸练习很重要,学会正确的呼吸方法,能为学习各种泳式的呼吸打下良好基础。游泳时,呼吸是用嘴吸气,用鼻、嘴同时呼气。因人在水中胸部受到压力,所以呼气时要适当用力才能呼尽。

1. 扶池槽或同伴相互牵手,深吸气后把头浸入水中,稍闭气,然后用口、鼻慢慢地呼气,将要呼完时站起,出水后吸气。如图 6—2 所示。

图 6—2

2. 屈膝站立,吸气后把头浸入水中,稍闭气后,用嘴、鼻呼气,同时逐渐抬头,当嘴刚露出水面时,用力把余气呼出,随即在水上面用嘴吸气。接着又浸入水做同样的练习,逐步做到有节奏地吸、闭、呼。如图 6—3 所示。

图 6—3

四、浮体与站立

体会水对人体的浮力和浮体后的站立。站在齐腰的水中,深吸一口气后,憋气下蹲,低头两手抱膝,肌肉放松,稍停一会,身体就会自然浮出水面。当浮至水面稍稳定时,徐缓而平稳地将两臂和双腿伸直,头部自然地浸在水中。然后手掌压水,抬头站起。如图6－4所示。

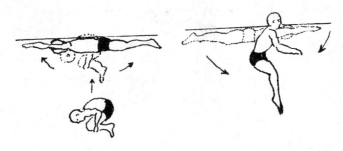

图6－4

五、滑行练习

站在齐腰深的水中,两臂沿水面伸直并拢,深吸气后,头浸入水中,两腿蹬池壁(或池底),使身体自然向前滑行。如图6－5所示。身体保持适度紧张,微收腹,使之平行地向前滑行。也可同伴推送两腿或手进行。要求滑行时在水中呼气,当同伴托拉时抬头吸气。这样可以用流水作业方式连续托拉、推送2～3次。

图6－5

第二节 蛙 泳

蛙泳因像青蛙游泳的动作而得名,是最古老的游泳姿势之一。蛙泳呼吸方便、省力、持久、声响小、易观察、能负重,具有重要的实用价值。

蛙泳的技术可分为身体姿势、腿部动作、臂部动作、呼吸、动作配合等5个部分。

一、身体姿势、腿部动作

(一)身体姿势

动作要领

身体较平直地俯卧水中,腿并拢成一条直线,脸浸入水中,微抬头,稍收腹含胸,水齐前额,眼看水中前下方,身体保持适度的紧张。如图6－6所示。

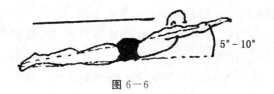

图 6-6

(二)腿部动作

动作要领

蛙泳的腿部动作可分为 4 个部分,即收腿、翻脚、蹬水、滑行,这 4 部分是一个连续动作过程。

1. 收腿。收腿先是由大腿带动小腿前收,边收边分,两膝逐渐分开,两脚和小腿在大腿投影截面内,两脚后跟尽量靠近臀部,大腿与躯干成 120°～140°角。如图 6-7①、②、③所示。

2. 翻脚。翻脚是腿部动作的关键。收腿将结束时,脚仍向臀部靠近。这时两膝内扣,两脚外翻,勾脚尖,使脚掌内侧尽量正对后方,增加蹬水面积。如图 6-7④所示。

3. 蹬水。翻脚后开始蹬水,以大腿发力向后弧形蹬水,主动展髋、伸膝、再伸踝,犹如鞭打动作,动作要快而有力。蹬水的同时做夹水动作,两腿逐渐并拢,两腿蹬直时做向下压的鞭打动作,有利于向前滑行。如图 6-7⑤、⑥、⑦、⑧所示。

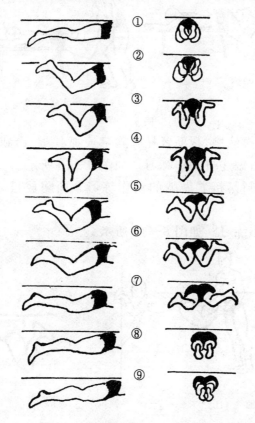

图 6-7

4. 滑行。蹬水结束后,使腿保持较高位置,以减少水的阻力,身体呈流线型,借助蹬水取得的速度向前滑行。如图6-7⑨所示。

腿部动作的口诀:边收边分慢收腿,两脚外翻对准水,两臂伸直漂一会。

练习方法

1.两手后撑地,上体后仰,做腿的收、翻、蹬、停的动作练习。如图6-8所示。

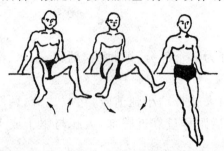

图6-8

2.俯卧在凳上,由教师或同伴帮助做腿的收、翻、蹬、停的模仿练习。如图6-9所示。

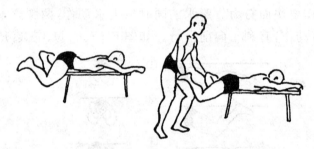

图6-9

3.在水中俯卧,手拉池槽,帮助者托其腹部或抓其脚,做腿部动作练习。重点体会翻脚、蹬夹动作,然后做连贯动作练习。如图6-10所示。

4.蹬池壁或池底滑行,接着做腿的动作练习。两腿放松,边收边分,翻脚及时,蹬夹连贯,适当用力。

5.扶板做腿部动作练习。如图6-11所示。

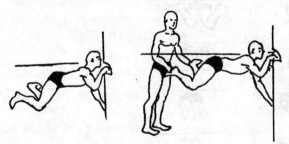

图6-10

图6-11

二、臂部动作

动作要领

1. 两臂前伸。滑行动作结束,两臂略内旋,两臂和掌心略转向斜下方,稍稍勾手腕,两手分开向侧下方压水,当手掌和前臂有水压感时开始划水。如图6-12①所示。

2. 划水。当两臂分成40°~50°角时,手腕继续弯曲,并屈肘向两侧下后方屈臂划水,保持高肘,划水段最大屈肘角度为90°左右,两臂夹角120°左右。如图6-12②、③所示。

3. 收手。收手是划水的继续,能产生上升力和前进力。两臂向里、向上快速收到下颌的下前方,掌心由向后转向内。肘低于手,上臂不超过两肩的延长线,尽量把臂收在身体的投影之中,减小水对伸臂肘的阻力。如图6-12④、⑤、⑥所示。

4. 伸臂。紧张收手,掌心转向下,两臂放松,先伸肩后伸肘,两臂先向前上再向前伸,身体保持流线型,向前滑行。如图6-12⑦、⑧所示。

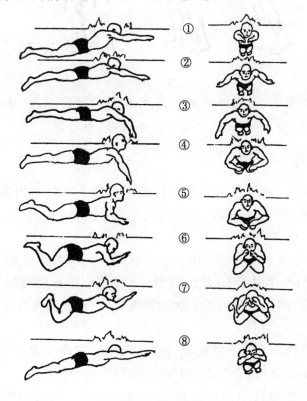

图6-12

练习方法

1. 在陆上做模仿练习。先做分解的慢动作,体会臂部动作的路线,然后按口令的节奏练习:①分水,②划水,③伸臂,④伸直滑行。如图6-13所示。

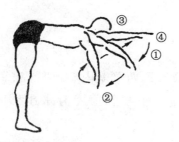

图 6-13

2. 在浅水处做划水练习。方法同练习"1",先原地划水,然后可配合两脚慢走动,体会划水前进的牵引力。如图 6-14 所示。

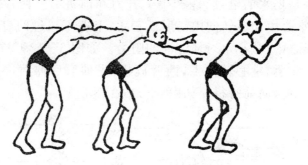

图 6-14

3. 在齐腰深的水中,在同伴夹扶小腿、托膝盖的帮助下,练习蛙泳臂部动作。

4. 蹬池壁滑行,做 2~3 次划水动作。不呼吸,不收腿。

三、呼吸动作

游泳时以嘴吸气(要尽量张大嘴以便吸进更多的空气),用鼻呼气,以免把水吸入气管,造成呛水。呼吸要与臂的动作协调配合。

动作要领

蛙泳的呼吸,是在划水时进行的。划水将结束时嘴露出水面,用力将余气呼尽,如图 6-12④所示;收手时抬头吸气,如图 6-12⑤所示。臂前伸,脸浸入水中,稍闭气。待两臂伸直滑行时,又开始下一次均匀地呼气,如此循环往复。

练习方法

1. 做陆上模仿练习。站立体前屈,两臂前伸,按口令节奏练习:①臂滑下、呼气、稍抬头,②划水、抬头吸气,③收手、闭气,④伸臂滑行、呼气。

2. 在水中做呼吸与臂部动作的配合练习。方法同练习"1",如图 6-15 所示。然后边划水边走动,配合呼吸。

3. 重复上述练习,配合呼吸练习。划水时抬头吸气,收手时低头闭气,臂前伸时呼气。

4. 两腿夹浮板或由同伴托扶腿,做划水动作,同时配合呼吸。

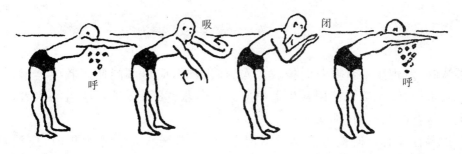

图 6—15

四、完整动作

动作要领

蛙泳一般是蹬水 1 次、划水 1 次、呼吸 1 次的配合。两臂划水时腿伸直,蹬水时两臂接近伸直,收手的同时收腿,当划臂至有效部位接近收手时抬头吸气;手臂前伸低头压胸吸气,蹬夹水伸直滑行时开始呼气,然后又开始下一次的动作配合。

臂腿配合动作的要领口诀为:划水不动腿,收手又收腿,先伸胳膊再蹬腿,臂腿伸直滑一会。

练习方法

1.陆上模仿练习。原地站立,两臂并拢上举,用单脚做臂配合练习。如图 6—16 所示:①臂做划水动作,②收手同时收腿并翻脚,③当臂将要伸直时,一腿向下做弧形蹬夹动作。

图 6—16

2.水中练习。①蹬池边滑行后,闭气做臂腿分解配合练习。即划 1 次水后蹬 1 次水,臂腿交替进行。②在练习"①"的基础上,过渡到收手的同时收腿,臂将要伸直时蹬水,身体呈流线型向前滑行。③在练习"②"的基础上,划水的同时抬头吸气,臂前伸时低头呼气。要求动作放松、协调连贯。

第三节 水中救护

游泳时，发现溺水者要及时抢救。实施救援时，应尽可能使用救生器材，如救生圈、竹竿、木板、绳索等。使用救生器材应系上一根绳子，救护者游近溺水者，让其抓住救生器材，救护者拖住绳头牵引上岸。

救护者在没有任何救生器材的情况下，徒手对溺水者实施救护时，应注意以下几点：

一、入水前的观察

入水前，若无其他人看见，应大声呼救，让其他人听到后前来增援。同时迅速脱去外衣裤和鞋袜，辨明水流方向、水面宽窄等以选择入水地点。

二、入水

在熟悉的水域可采用跳得远、出水快的游泳出发动作入水，在不熟悉的水域或地势较高处入水，应屈腿团身，脚先入水，两臂展开压水，以防碰到水下不明物体。

三、游近溺水者

入水后采用抬头自由泳或蛙泳，以便观察溺水者的情况，若同时有两个以上溺水者，应先救体力最差的一个，不要同时接触几个溺水者，以免被抱住难于解脱。救护者要冷静、沉着，游到溺水者身边，用左手抓住溺水者左手腕，用力向左拉，使溺水者背向自己后进行拖运。如图6—17所示。右手动作方向则相反。

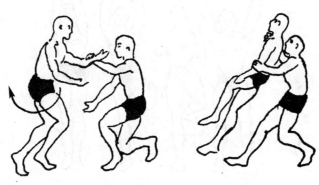

图6—17

四、水中解脱

在水中救护时，若被溺水者抓住或抱住，应设法解脱。解脱动作要迅速、熟练、突然，方能奏效。如果解脱不了，可深吸气做翻滚动作，将溺水者压没水中，溺水者为了向上呼气容易松手。常用的解脱方法有：

(一)虎口解脱法

在水中救护时,若被溺水者抓住或抱住,可采用虎口解脱法。即利用溺水者的虎口为支点,运用杠杆原理,用手臂将溺水者的手撬开,摆脱被抓的状态。如图6-18所示。

图 6-18

(二)扳指解脱法

被溺水者从背后抱住腰时,可采用扳溺水者中指的方法解脱。如图 6-19 所示。

图 6-19

(三)推扭解脱法

被溺水者从前面抱住腰时,可采用推托溺水者下颌或扭转其颈部的方法解脱。如图 6-20 所示。

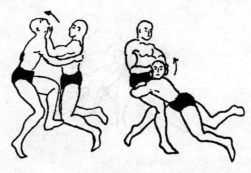

图 6-20

(四)托肘解脱法

被溺水者从前或后方抱住躯干和手臂,可上托溺水者的肘部解脱。如图 6－21 所示。

图 6－21

五、拖运

拖运必须让溺水者口鼻露出水面,一手拉(拖)溺水者,另一手划水,两腿做蛙泳或侧蹬水动作。如图 6－22 所示。

图 6－22

第四节 岸上急救

将溺水者救上岸后,在医生未到前应及时进行急救。首先摸脉搏,检查呼吸。如心跳、呼吸未停,应立即清理其呼吸道,将口打开,让溺水者俯卧在救护者蹲屈的膝上,头部倒悬,使肺内和胃内的积水倒出。如图 6－23 所示。如呼吸、心跳已停,切不可因倒水延误抢救时间,应立即进行口对口人工呼吸与胸外心脏按压。

图 6－23

动作要领

1.口对口人工呼吸。救护者跪在溺水者头部的一侧,一手置于溺水者前额,使其头后仰,要求下颌尖与其耳垂连线和地面垂直,动作要轻柔。如图6—24所示。打开气道后,用拇指和食指捏住溺水者的鼻孔,以免气体外逸,然后深吸一口气,与溺水者的嘴并紧贴住,连续快速吹气两口,再检查其颈动脉,如脉搏存在,表明心脏尚未停搏,无需进行体外按压,仅做人工吹气即可,按每分钟12次的频率进行吹气。

图6—24

2.胸外心脏按压。救护者用食指和中指沿溺水者一侧肋弓下缘上移至胸骨下切迹,将中指置于切迹处,食指与中指并拢平放于胸骨下端。然后将另一手的掌根紧靠于食指外,手指手心翘起使之不接触胸壁。同时不要按压剑突,以免压迫肝脏而引起肝破裂。救护者双臂应绷直,利用上半身的体重和肩臂部肌肉的力量,垂直向下按压胸骨,下压深度约4~5厘米,按压必须平稳而有规律,不能太猛或太轻。

3.人工吹气与心脏按压需同时进行时,如单人抢救按压频率为80~100次/分钟,按压与吹气之比为15:2,即15次心脏按压、2次吹气交替进行。若双人抢救时,按压频率为60次/分钟,按压与吹气的比例为5:1,即5次心脏按压、1次吹气交替进行。

练习方法

两人相互配合练习

1.使仰卧者下颌尖与耳垂线和地面垂直。
2.按救护程序进行模拟练习。
3.掌握好按压的部位。
4.体会按压的深度。
5.掌握好吹气的频率和按压频率。

思考题

1.熟悉水性的练习方法有哪些?
2.水中救护需要注意哪些?
3.简述岸上急救的几种方法。

第七章　武术运动

□ 学习目标

1. 了解武术的强身、健身、修身的功能。
2. 掌握武术基本功。

武术具有极其广泛的群众基础,是中国劳动人民在长期的社会实践中不断积累和丰富起来的一项宝贵的文化遗产,是中国优秀文化遗产之一。武术的内容丰富多彩、形式多样,具有强身、防身、修身养性等多种功能。

第一节　武术运动的基本动作

通过基本功和基本动作的练习,可使身体各部位得到较全面的训练,为学习拳术和器械套路、提高技术水平,打下良好的基础。

经常进行基本功和基本动作的练习,能增强各个关节、韧带的柔韧性和灵活性,防止和减少练习中的伤害事故,提高肌肉的控制能力和弹性。

一、肩臂练习、腿部练习

(一)肩臂练习

肩臂练习主要是增进肩关节韧带的柔韧性,加大肩关节的活动范围,发展臂部力量,为练习和掌握各种拳、掌等手法提供必要的专项素质。主要练习方法有压肩、绕环等。

1. 压肩,如图7—1、7—2所示。

图7—1　　　　　图7—2

要求:两臂、两腿要伸直,振幅应逐步加大,压点集中于肩部。

2. 绕环。

(1)单臂绕环,如图7—3所示。

图 7-3

要求：臂伸直，肩放松，划立圆，逐渐加速。
（2）双臂绕环。
①前后绕环，如图 7-4 所示。

图 7-4

②左右绕环，如图 7-5 所示。
③交叉绕环，如图 7-6 所示。

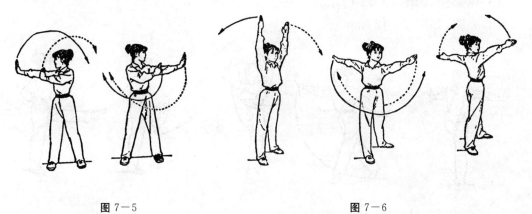

图 7-5　　　　　　图 7-6

（二）腿部练习

主要发展腿部的柔韧性、灵活性和力量等素质。练习方法有压腿、踢腿等。

1.压腿。

（1）正压腿，如图 7-7 所示。

要求：

①直体向前,向下压振。
②逐渐加大振幅,提高腿的高度。
③以前额、鼻尖触及脚尖。
(2)侧压腿,如图7-8所示。
要求:
①同正压腿的第①、②点。
②逐步过渡到上体侧卧在被压腿上。

图7-7

2.踢腿。踢腿是腿部练习中的重要内容,也是基本的训练之一。腿部的柔韧性、灵敏性和控制腿部的力量,以踢腿的形式较集中地反映出来。踢腿的方法有直摆性腿法、屈伸性腿法两种。

(1)正踢腿,如图7-9所示。

图7-8　　　　　　　　　　　图7-9

要求:挺胸、立腰,踢腿时,脚尖勾起。过腰应加速,要有寸劲(即爆发力)。
(2)斜踢腿,如图7-10所示。
(3)侧踢腿,如图7-11所示。
(4)弹腿,如图7-12所示。

图7-10　　　　　图7-11　　　　　图7-12

要求:挺胸、直腰、脚面绷直、收髋。弹击要有爆发力。
(5)正蹬腿,如图7-13所示。
(6)侧蹬腿,如图7-14所示。
要求:挺膝、开髋、猛蹬,脚外侧朝上,力达脚跟。

图 7-13　　　　　　　　　　图 7-14

二、腰部练习、手型手法练习

(一) 腰部练习

腰是贯通上下肢体的枢纽,俗话说"练拳不练腰,终究艺不高"。在手、眼、身法、步法 4 个要素中,腰是较集中地反映身法技巧的关键。练腰的方法有前俯腰、甩腰、涮腰等。

1. 前俯腰,如图 7-15 所示。

要求:两腿挺膝伸直,挺胸、塌腰、收髋,并向前折体。

2. 甩腰,如图 7-16 所示。

要求:前后甩腰要快速,动作要紧凑而有弹性。

3. 涮腰,如图 7-17 所示。

要求:尽量增大绕环幅度。

图 7-15

图 7-16

图 7-17

(二) 手型手法练习

手型手法练习是运用拳、掌、勾三种手型,结合上肢冲、架、推、亮等运动方法,操练上肢手法的练习。

1. 手型。
(1) 拳：如图 7－18 所示。
(2) 掌：如图 7－19 所示。
(3) 勾：如图 7－20 所示。

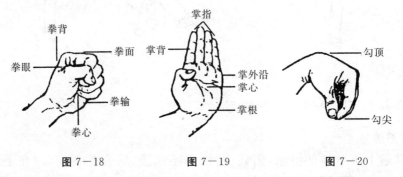

图 7－18　　　　图 7－19　　　　图 7－20

2. 手法。
(1) 冲拳：如图 7－21 所示。
要求：出拳要快速有力，要有寸劲，同时还要做好拧腰、顺肩、急旋前臂的动作。

图 7－21　　　　　　　　　图 7－22

(2) 架拳：如图 7－22 所示。
要求：松肩、肘微屈、前臂内旋。
(3) 推掌：如图 7－23 所示。

图 7－23　　　　　　　　　图 7－24

要求：挺胸、收腹、立腰。出掌要快速有力，有寸劲，同时还要做好拧腰、顺肩、沉腕、翘掌等动作。

(4)亮掌：如图7-24所示。

要求：抖腕、亮掌与转头要同时完成。

三、步型步法、组合动作

(一)步型步法

步型和步法练习主要是增进腿部的速度和力量，以提高两腿移动转换的灵活性和稳固性。

1. 步型。

(1)弓步：如图7-25所示。

要求：前腿弓，后腿绷，挺胸、塌腰、沉髋，前脚尖同后脚跟成一直线。

(2)马步：如图7-26所示。

要求：挺胸、塌腰、展髋、脚跟外蹬。

(3)虚步：如图7-27所示。

要求：挺胸、塌腰、虚实分明。

(4)仆步：如图7-28所示。

要求：挺胸、塌腰、沉髋。

图7-25　　　图7-26　　　图7-27　　　图7-28

(5)歇步：如图7-29所示。

要求：挺胸、塌腰，两腿靠拢并贴紧。

(6)坐盘：如图7-30所示。

要求：与歇步相同。

(7)丁步：如图7-31所示。

要求：与虚步相同。

图7-29　　　图7-30　　　图7-31

(二)组合动作

1. 预备姿势:并步抱拳,如图 7-32 所示。
2. 拗弓步冲拳,如图 7-33 所示。
3. 弹蹬冲拳,如图 7-34 所示。

图 7-32　　　　　图 7-33　　　　　图 7-34

4. 马步架打,如图 7-35 所示。
5. 歇步盖打,如图 7-36 所示。

图 7-35　　　　　图 7-36

6. 提膝仆步穿掌,如图 7-37、7-38 所示。
7. 虚步挑掌,如图 7-39 所示。
8. 收势,如图 7-40 所示。

图 7-37　　　　图 7-38　　　　图 7-39　　　　图 7-40

第二节 二十四式简化太极拳

一、起势→左右野马分鬃→白鹤亮翅

（一）起势：如图 7—41→7—43 所示

图 7—41

图 7—42

图 7—43

（二）左右野马分鬃：如图 7—44→7—59 所示

图 7—44

图 7—45

图 7—46

图 7—47

图 7—48

图 7—49

图 7—50

图 7—51

图 7—52

图 7—53

图 7—54

图 7—55

图 7—56

图 7-57　　　　　图 7-58　　　　　图 7-59

(三)白鹤亮翅:如图 7-60→7-62 所示

图 7-60　　　　　图 7-61　　　　　图 7-62

二、左右搂膝拗步→手挥琵琶

(一)左右搂膝拗步:如图 7-63→7-77 所示

图 7-63　　图 7-64　　图 7-65　　图 7-66　　图 7-67

图 7-68　　图 7-69　　图 7-70　　图 7-71　　图 7-72

图 7—73　　　图 7—74　　　图 7—75　　　图 7—76　　　图 7—77

(二)手挥琵琶：如图 7—78→7—80 所示

图 7—78　　　　　　　图 7—79　　　　　　　图 7—80

三、左右倒卷肱→左揽雀尾

(一)左右倒卷肱：如图 7—81→7—93 所示

图 7—81　　　图 7—82　　　图 7—83　　　图 7—84　　　图 7—85

图 7—86　　　图 7—87　　　图 7—88　　　图 7—89

图7—90　　　　图7—91　　　　图7—92　　　　图7—93

(二)左揽雀尾：如图 7—94→7—113 所示

图7—94　　图7—95　　图7—96　　图7—97　　图7—98

图7—99　　图7—100　　图7—101　　图7—102　　图7—103

图7—104　　图7—105　　图7—106　　图7—107　　图7—108

图7—109　　图7—110　　图7—111　　图7—112　　图7—113

四、右揽雀尾→单鞭

(一)右揽雀尾:如图 7—114→7—120 所示

图 7—114

图 7—115

图 7—116

图 7—117

图 7—118

图 7—119

图 7—120

(二)单鞭:如图 7—121→7—126 所示

图 7—121

图 7—122

图 7—123

图 7—124

图 7—125

图 7—126

五、云手→单鞭→高探马

（一）云手：如图 7-127→7-141 所示

图 7-127　　图 7-128　　图 7-129　　图 7-130　　图 7-131

图 7-132　　图 7-133　　图 7-134　　图 7-135　　图 7-136

图 7-137　　图 7-138　　图 7-139　　图 7-140　　图 7-141

（二）单鞭：如图 7-142→7-146 所示

图 7-142　　图 7-143　　图 7-144　　图 7-145　　图 7-146

(三)高探马：如图7-147所示

图7-147

图7-148

图7-149

六、右蹬脚→双峰贯耳

(一)右蹬脚：如图7-148→7-154所示

图7-150

图7-151

图7-152

图7-153

图7-154

(二)双峰贯耳：如图7-155→7-158所示

图7-155

图7-156

图7-157

图7-158

七、转身左蹬脚→左下势独立→右下势独立→左右穿梭→海底针

(一)转身左蹬脚：如图7-159→7-164所示

图7-159

图7-160

图7-161

图7-162

图7-163

图7-164

(二)左下势独立:如图 7－165→7－171 所示

图 7－165　　图 7－166　　图 7－167　　图 7－168

图 7－169　　图 7－170　　图 7－171

(三)右下势独立:如图 7－172→7－178 所示

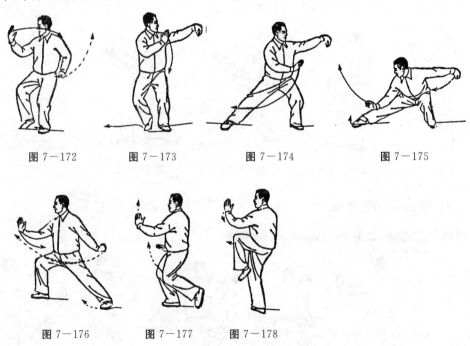

图 7－172　　图 7－173　　图 7－174　　图 7－175

图 7－176　　图 7－177　　图 7－178

(四)左右穿梭:如图 7-179→7-189 所示

图 7-179　图 7-180　图 7-181　图 7-182　图 7-183　图 7-184

图 7-185　图 7-186　图 7-187　图 7-188　图 7-189

(五)海底针:如图 7-190、7-191 所示

图 7-190　　　　图 7-191

八、闪通臂→转身搬拦锤→如封似闭→十字手→收势

(一)闪通臂:如图 7-192→7-194 所示

图 7-192　　图 7-193　　图 7-194

(二)转身搬拦锤:如图 7-195→7-199 所示

图 7-195　　　　　　　　图 7-196

图 7-197　　　　图 7-198　　　　图 7-179

(三)如封似闭:如图 7-200→7-202 所示

图 7-200　　　图 7-201　　　图 7-202

(四)十字手:如图 7-203→7-209 所示

图 7-203　　图 7-204　　图 7-205　　图 7-206

图 7-207　　　　　图 7-208　　　　　图 7-209

(五)收势：如图 7-210→7-214 所示

图 7-210　　　图 7-211　　　图 7-212　　　图 7-213　　　图 7-214

九、二十四式简化太极拳动作路线

如图 7-215 所示。

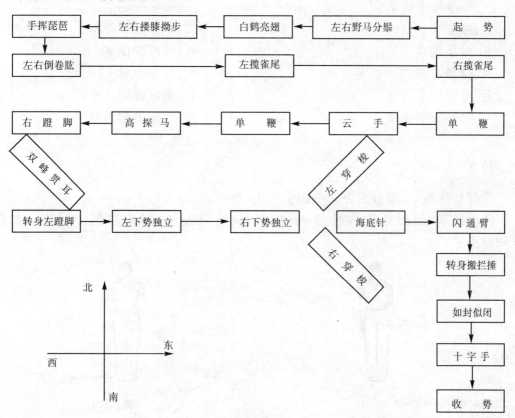

图 7-215

第三节 初级长拳第一路

初级长拳第一路共有 4 段（32 个动作）：

起势

第一段

一、马步双劈拳

二、拗弓步冲拳

三、蹬腿冲拳

四、马步冲拳

五、马步双劈拳

六、拗弓步冲拳

七、蹬腿冲拳

八、马步冲拳

第二段

一、弓步推掌

二、拗弓步推掌

三、弓步搂手砍掌

四、弓步穿手推掌

五、弓步推掌

六、拗弓步推掌

七、弓步搂手砍掌

八、弓步穿手推掌

第三段

一、虚步上架

二、马步下压

三、拗弓步冲拳

四、马步冲拳

五、虚步上架

六、马步下压

七、拗弓步冲拳

八、马步冲拳

第四段

一、弓步双摆掌

二、弓步撩掌

三、推掌弹踢

四、弓步上架推掌

五、弓步双摆掌

六、弓步撩掌

七、推掌弹踢

八、弓步上架推掌

收势

起势

两脚并拢站立，眼看前方。如图 7－216 所示。

两手握拳，屈肘抱于两腰侧，拳心朝上；脸向左转，眼向左侧方平视。如图 7－217 所示。

图 7－216

图 7－217

要点：挺胸、直腰、两肩后张、两拳紧贴腰侧。

第一段

一、马步双劈拳

1. 左脚向左开步，同时两拳从腰侧伸向腹前错臂交叉，左拳在里，右拳在外，拳心对着腹部。如图 7-218 所示。
2. 两腿屈膝半蹲成马步，同时两拳向左右抡臂侧劈，拳心朝上，眼看左拳。如图 7-219 所示。

图 7-218

图 7-219

要点：开步、抡劈和半蹲的动作必须同时进行。形成马步之后，两大腿要坐平，脚尖里扣，两膝里合，要挺胸、塌腰、两肩松沉，两拳与肩平行。

二、拗弓步冲拳

左脚跟和右脚掌同时碾地使上身左转，左腿屈膝，右腿蹬直，成左弓步。在上身左转的同时，右拳先收抱于右腰侧（拳心朝上），继而臂内旋，使拳心朝上，用力向前冲出，拳略比肩高；左拳和左臂外旋使拳心朝上，屈肘收抱于左腰侧。如图 7-220 所示。

要点：上述两个动作必须连贯。冲拳要用力，右肩前顺，左肩后牵。两脚脚掌全部着地。

图 7-220

三、蹬腿冲拳

左脚不动，右腿屈膝提起，用脚跟向前平直蹬出，脚尖勾起。同时右拳外旋使拳心朝上，屈肘收抱于右腰侧；左拳随之成直拳向前冲出，拳眼朝上，眼看左拳。如图 7-221 所示。

要点：收拳、冲拳、蹬腿 3 个动作必须同时进行，协调一致。立地腿要站稳，两肩要松沉，左肩前顺，右肩后牵。

图 7-221

四、马步冲拳

右脚向前落步,脚尖里扣;同时左脚前脚掌碾地,使脚跟里转,上身随之左转,两腿屈膝半蹲成马步。在形成马步的同时,左拳和左臂外旋,使拳心朝上,屈肘收抱于左腰侧;右拳随即向右侧方成立拳平直冲出,略比肩高,拳心朝上。眼看右拳。如图7-222所示。

图7-222

要点:落步、转身和屈膝半蹲的动作必须与收拳、冲拳的动作协调一致。形成马步之后,两肩稍向后张,左肘向后牵引,挺胸、塌腰。

五、马步双劈拳

上动稍停,两脚不动,两腿直起。左拳从左腰侧向腹前下伸,拳背朝前;在左拳下伸的同时,右臂内旋从右侧方向下、向腹前内收,收至腹前时,两臂成右外左内错臂交叉,拳心对着腹部。眼向右平视。如图7-223所示。

两腿屈膝半蹲成马步,同时两拳向左右抡臂侧劈,拳眼朝上。眼看右拳。如图7-224所示。

图7-223　　　　图7-224　　　　　　图7-225

六、拗马步冲拳

右脚跟和左脚掌同时碾地,使上身右转,右腿屈膝,左腿蹬直,成右弓步。在上身右转的同时,左拳先收抱于左腰侧,拳心朝上,继而臂内旋,使拳眼朝上,用力向前冲出,拳略比肩高;右拳和右臂外旋,使拳心朝上,屈肘收抱于右腰侧。如图7-225所示。

七、蹬腿冲拳

右脚不动,左腿屈膝提起,向前平直蹬出,脚尖勾起。同时左拳外旋使拳心朝上,屈肘收抱于左腰侧;右拳随之成直拳向前冲出,拳心朝上。眼看右拳。如图7-226所示。

八、马步冲拳

左脚向前落步,脚尖里扣,同时右脚前脚掌碾地使脚跟里转,上身随之右转,两腿屈膝半蹲成马步。在形成马步的同时,右拳和右臂外旋使拳心朝上,屈肘收抱于右腰侧;左拳随即向左侧方成立拳平直冲出,略比肩高,拳心朝上。眼看左拳。如图7-227所示。

图7-226

图7-227

第二段

一、弓步推掌

上动稍停,上身左转,右脚随之向前上步,左腿蹬直,右腿屈膝,成右弓步。在右脚上步的同时,左拳拳心朝上,屈肘收抱于左腰侧;右拳随之变为侧立掌向前平直推出,掌指朝上。眼看右掌。如图7-228所示。

图7-228

图7-229

要点:转身、上步、收拳、推掌的动作必须协调一致。推掌时,必须使腕关节向拇指一侧弯曲,以小指一侧用力向前推出;推出之后,腕关节尽量向上弯曲,肘臂伸直,肩部松沉并向前顺,挺胸、塌腰,掌指高与眉齐。

二、拗弓步推掌

两脚不动,步型不变,上身右转。右掌变拳屈肘收抱于右腰侧,拳心朝上;同时左拳变为侧立掌向前平直推出,掌指朝上。眼看左掌。如图7-229所示。

要点:左肩前顺,右肩后牵,两脚不要拔跟或掀脚。

三、弓步搂手砍掌

上身从左向后转,右腿挺膝伸直,左腿屈膝半蹲,成左弓步。左掌直腕成俯掌,在转身的同时从左向后平摆横搂。眼看左掌。如图7—230所示。

上动不停,左掌变拳,拳心朝上,屈肘收抱于左腰侧;同时右拳变掌,臂伸直从后由外向身前成仰掌平摆横砍。眼看右掌。如图7—231所示。

要点:转身、搂手、收拳、砍掌的动作必须协调一致,但不必过快。砍掌时,肘腕关节都须伸直,砍掌之后,掌心略高过肩,两肩松沉。

图7—230

图7—231

四、弓步穿手推掌

左拳变掌,由左腰侧经右掌上面向前穿出,掌心朝上;在左掌前穿的同时,右掌内旋使掌心朝下成俯掌,顺左臂下面屈肘收于胸前。如图7—232所示。

上动不停,左臂内旋,左掌五指捏拢成勾手,勾尖朝下;此时上身右转,右腿挺膝伸直,右腿屈膝半蹲,成右弓步;同时右掌成侧立掌向前平直推出,掌指朝上。眼看右掌。如图7—233所示。

要点:穿掌与收掌的动作,转身、勾手与推掌的动作,必须同时进行,而这两部分动作,又必须协调连贯,中间不要停顿。推掌之后,手腕要尽量向上弯曲,掌指高与眉齐;勾手要尽量向下屈,手背略高过肩。

图7—232

图7—233

五、弓步推掌

上动稍停,左勾手变为倒掌屈肘收抱于左腰侧,掌指朝下,掌心朝前。

左脚向前上步,右腿挺膝伸直,左腿屈膝半蹲,成为左弓步。同时右掌变拳,屈肘收抱于右腰侧,拳心朝上;左掌随之成侧立掌向前平直推出,掌指朝上。眼看左掌。如图7—234所示。

六、拗弓步推掌

两脚不动,步型不变,上身左转。左掌变拳屈肘收抱于左腰侧,拳心朝上;同时右拳变为侧立掌向前平直推出,掌指朝上。眼看右掌。如图 7-235 所示。

图 7-234

图 7-235

七、弓步搂手砍掌

上身从右向后转,左腿挺膝伸直,右腿屈膝半蹲,成右弓步。右掌直腕成俯掌,在转身的同时从右向后平摆横搂。眼看右掌。如图 7-236 所示。

上动不停,右掌变拳,拳心朝上,屈肘收抱于右腰侧;同时左拳变掌,臂伸直从后由外向身前成仰掌平摆横砍。眼看左掌。如图 7-237 所示。

图 7-236

图 7-237

八、弓步穿手推掌

右拳变掌,由右腰侧经左掌上面向前穿出,掌心朝上;在右掌前穿的同时,左掌内旋使掌心朝下成俯掌,顺右臂下面屈肘收于胸前。如图 7-238 所示。

图 7-238

图 7-239

上动不停,右臂内旋,右掌五指捏拢成勾手,勾尖朝下;此时上身左转,右腿挺膝伸直,左腿屈膝半蹲,成左弓步;同时左掌成侧立掌向前平直推出,掌指朝上。眼看左掌。如图 7-239 所示。

第三段

一、虚步上架

上动稍停,左脚尖里扣,上身右转,右脚撤回半步,以前脚掌点地,左腿屈膝略蹲,右膝稍屈,身体重量落于左腿,成左实右虚之虚步。在上身右转成虚前,左掌变拳,拳眼朝下;右掌随之变拳,臂内旋使拳下栽,屈肘附在右膝上面,拳心朝身后,拳面朝下。眼向右前方平视。如图7-240所示。

图7-240

要点:上架之拳,肘略向身后展形,下栽之拳,肘略向前牵引;做虚步时要挺胸、塌腰,左脚实踏地面,右脚虚点地面,虚实分明。

二、马步下压

左腿伸直立起,右腿屈膝提起。同时右拳从下经体前向外抡臂绕环,至右前方时成仰拳平举,左拳下降至背后。如图7-241所示。

图7-241

上动不停,左脚蹬地纵起,同时上身从右向后转,右脚在转身后立即落于左脚的原位,左脚随之落于上身左侧,两腿屈膝半蹲成马步,右拳在右脚落地的同时,屈肘收抱于右腰侧,拳心朝上;左拳由后向上抡臂,在形成马步的同时,臂外旋,屈肘,以前臂为力点,从上向前下压,左臂屈肘成直角,拳心朝上。眼看左拳。如图7-242所示。

图7-242

要点:纵跳时,先使左膝略屈,然后蹬地纵起;纵起后,上身在空中向后转;转身后,右脚先落地,左脚随后落地。右拳外抡与提步动作、右拳屈肘抱腰与右脚落步动作、左前臂下压与左脚落步动作必须分别同时进行。

三、拗弓步冲拳

左脚跟和右脚掌同时碾地使上身左转,左腿屈膝,右腿蹬直,成左弓步。同时左拳屈肘收抱于左腰侧,拳心仍朝上;右拳随即从右腰侧向前平直冲出,拳眼朝上。眼看右拳。如图7-243所示。

四、马步冲拳

左脚尖里扣,右脚跟里转,上身右转,两腿屈膝半蹲成马步。同时右拳和右臂外旋使拳心朝上,屈肘收抱于右腰侧;左拳随即向左侧方成立拳平直冲出,略比肩高,拳眼朝上。眼看左拳。如图 7-244 所示。

图 7-243

图 7-244

要点：收拳和冲拳动作必须协调一致。形成马步后，两肩稍向后张，右边肘向后牵引，挺胸、塌腰。

五、虚步上架

上动稍停，右脚尖里扣，上身左转，左脚撤回半步，以前脚掌点地，右腿屈膝略蹲，左膝稍屈，身体重量落于右脚，成右实左虚之虚步。在上身左转成虚前，右掌变拳，拳眼朝下；左掌随之变拳，臂内旋使拳下栽，屈肘附在左膝上面，拳心朝向身后，拳面朝下。眼向左前方平视。如图 7-245 所示。

图 7-245

六、马步下压

右腿伸直立起，左腿屈膝提起。同时左拳从下经体前向外抡臂绕环，至左前方时平举，拳心朝上；右拳下降至背后。如图 7-246 所示。

图 7-246

图 7-247

图 7-248

上动不停，右脚蹬地纵起，同时上身从左向后转，左脚在转身后立即落于右脚的原位，右脚随之落于上身右侧，两腿屈膝半蹲成马步。左拳在左脚落地的同时，屈肘收抱于左腰侧，拳心朝上，右拳由后向上抡臂，在右脚落地形成马步的同时，臂外旋，屈肘，以前臂为力点，从上向身前下压，右臂屈肘成直角，拳心朝上，眼看右拳。如图 7-247 所示。

七、拗弓步冲拳

右脚跟和左脚掌同时碾地使上身右转,右腿屈膝,左腿蹬直,成右弓步。同时右拳屈肘收抱于右腰侧,拳心仍朝上;左拳随即从左腰侧向前平直冲出,拳眼朝上。眼看左拳。如图7-248所示。

八、马步冲拳

右脚尖里扣,左脚跟里转,上身左转,两腿屈膝半蹲成马步。同时左拳和左臂外旋使拳心朝上,屈肘收抱于左腰侧;右拳随即向右侧方成立拳平直冲出,略比肩高,拳眼朝上。眼看右拳。如图7-249所示。

图7-249

第四段

一、弓步双摆掌

上动稍停,右脚尖里扣,左脚尖外撇,上身随之从左向后转,右腿蹬直,左腿屈膝,成左弓步。同时左拳在身前下伸,并与右拳一起变掌,两掌从右向上、向左弧形绕环,至左侧方时,均成侧立掌;左掌直臂平举,右臂屈肘使掌心靠近左肘,掌指均朝上。眼看左掌。如图7-250所示。

图7-250

要点:转身与两掌绕环的动作要同时进行,协调一致。两掌绕环时,肩关节要放松;摆掌动作结束时,左掌指高与眉齐,右掌指高与鼻齐,两肩松沉。

二、弓步撩掌

左脚跟稍向外展,左腿全蹲,右腿伸直平铺成仆步,上身随之右转,向右脚处前探。在转身的同时,左掌和左臂内旋,反臂上举成勾手,勾尖朝上;同时右掌成俯掌,从身前向右脚处横搂。眼看右掌。如图7-251所示。

上动不停,右掌继续向身后搂去,至身后反臂成勾手,勾尖朝上;同时上身前移,左腿挺膝伸直,右腿屈膝半蹲,成右弓步。在上身前移的同时,左勾手变掌,臂外旋使掌心朝下,以掌心为力点,从后向下、向前撩起成仰掌平举。肘、腕伸直,掌高不过肩。眼看左掌。如图7-252所示。

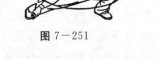

图7-251

要点:上述动作必须连贯。做仆步时,臀部尽量接近全蹲的小腿,上身向平铺腿的一侧探伸。待仆步转入弓步时,上身不要立起,要从低处向前探伸移动。撩掌时,肩要松。勾手时腕关节尽量上屈,臂向上举,上身要挺胸、塌腰。

三、推掌弹踢

右勾手变掌，屈肘收抱于右腰侧，屈腕使掌指朝下，掌心朝前，左掌开始变拳。

上动不停，左掌变拳之后，屈肘收抱于左腰侧，拳心朝上；同时右掌成侧立掌从腰侧向前平直推出，掌指朝上。右脚不动，左脚随之向前水平弹踢，脚面绷平。眼看右掌。如图7－253所示。

图7－252

图7－253

要点：收拳、推掌、弹踢必须协调、连贯。弹踢时，先使弹踢腿屈膝，小腿后举，然后脚面绷平，膝关节猛然挺伸使小腿向前弹出，整个腿与地面平行，立地腿站稳，上身稍前倾。

四、弓步上架推掌

左脚向前落步，左腿屈膝，右腿蹬直，成左弓步。同时右掌和右臂内旋，屈肘横架于头顶上方，成横掌（掌指朝前，掌心向斜上方）；左拳随即变掌，向前成侧立掌平直推出，掌指朝上。眼看左掌。如图7－254所示。

图7－254

要点：落步要轻，推掌要快。

五、弓步双摆掌

上动稍停，左脚尖里扣，右脚尖外撇，上身随之从右向后转，左腿蹬直，右腿屈膝，成右弓步。同时右拳在身前下伸并与左拳一起变掌，两掌从左向上、向右弧形绕环，至右侧方时，均成侧立掌；右掌直臂平举，左臂屈肘使掌心靠近右肘，掌指均朝上。眼看右掌。如图7－255所示。

图7－255

六、弓步撩掌

右脚跟稍向外展，右腿全蹲，左腿伸直平铺成仆步，上身随之左转，向左脚处前探。在转身的同时，右掌和右臂内旋，反臂上举成勾手，勾尖朝上；同时左掌成俯掌，从身前向左脚处横搂。眼看左掌。如图7－256所示。

上动不停，左掌继续向身后搂去，至身后反臂成勾手，勾尖朝上；同时上身前移，右腿挺膝伸直,左腿屈膝半蹲,成左弓步。在上身前移的同时,右勾手变掌,臂外旋使掌心朝下,以掌心为力点,从后向下、向前撩起,成仰掌平举。肘、腕伸直,掌高不过肩。眼看右掌。如图7—257所示。

图7—256

图7—257

七、推掌弹踢

左勾手变掌,屈肘收抱于左腰侧,屈腕使掌指朝下,掌心朝前;右掌开始变拳。

上动不停,右掌变拳之后,屈肘收抱于右腰侧,拳心朝上;同时左掌成侧立掌从腰侧向前平直推出,掌指朝上。左脚不动,右脚随之向前水平弹踢,脚面绷平。眼看左掌。如图7—258所示。

图7—258

图7—259

八、弓步上架推掌

右脚向前落步,右腿屈膝,左腿蹬直,成右弓步。同时左掌和左臂内旋,屈肘横架于头顶上方,成横掌;右拳随即变掌,向前成侧立掌平直推出,掌指朝上。眼看右掌。如图7—259所示。

收 势

右脚跟稍向外展,右腿蹬直立起,同时上身稍向左转,左脚随之向右脚处靠拢并步。在并步的同时,两掌变拳,屈肘收抱于两腰侧,拳心均朝上。脸向左转,眼向左侧方平视。如图7—260收势1所示。

脸转向正前方,两拳变掌直臂下垂,仍作立正姿势。如图7—260收势2所示。

要点:立正收势时,头须端正,收下颏,挺胸,直腰,松肩,呼吸平稳,精神振作。

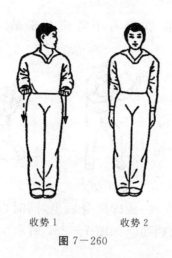

收势1　　　收势2

图 7-260

第四节　防身自卫术

学习基本的自我防卫和擒拿格斗方法,既是强身健体的需要,又是掌握自卫技能的需要。无论是伏案型、站立型还是综合型,均可选用。

一、防身自卫练习

(一)坐山桩吊手开门法

右脚在前,屈膝成半马步坐山桩。右手伸直斜靠于右膝内侧,掌背靠膝,左手屈肘横臂,竖掌于右耳侧下方。目视右前方。如图 7-261 所示。

图 7-261　　　图 7-262　　　　　　图 7-263

1.歹徒(图中灰色衣服者为歹徒。练习时由同学扮演,下同)以右手冲拳击我胸部,我右拳上提格挡来拳,左掌下按护裆。如图 7-262 所示。

2.歹徒进而左脚向前以左拳击我肋部,我迅速以左手从右臂下挑出压敌手,同时提右膝护裆,随即落右脚于敌右侧,发右拳贯击敌耳门。如图 7-263 所示。

3.歹徒起右脚踢我裆部,我同样提右膝护裆,并迅速反踹敌裆部。如图 7-264 所示。

(二)阴阳桩闭手开门法

右脚在前,屈膝成右虚步阴阳桩。两手屈肘,左臂靠肋竖掌于胸前,右手在前,掌心向左;右手在后,掌心向右。目视前方。如图 7-265 所示。

1. 歹徒以右手击我头部,我以右小臂格开来拳,随即用右拳击敌面部。如图7—266所示。

图7—264

图7—265

图7—266

2. 歹徒以右脚向我裆部进攻,我即蹲身后坐,同时以右臂肘尖撞击敌脚背,随即我迅速进右脚,以右拳反击敌裆部。如图7—267所示。

(三)站立桩探手开门法

右脚在前,成"丁"字步站立桩。右手伸直微屈前探,左手在后,左大臂紧贴肋侧,左小臂屈肘横护于胸前,掌心朝前下方。目视前方。如图7—268所示。

图7—267

图7—268

图7—269

1. 歹徒以右冲拳攻击我,我左脚后撤,左掌由右手臂下方向前翻掌穿出,并按压敌手腕内侧,右掌内拨收于胸前,随即我右脚逼进敌中宫,右掌变拳击敌咽喉。如图7—269所示。

2. 歹徒用左手护住,我迅速向后仰身,起右腿弹踢敌裆部。如图7—270所示。

二、擒拿格斗练习

1. 缠腕压肘。歹徒以右手冲拳向我袭来,我迅速右腿后撤,以右手从外向内扣,抓敌右手腕,随即左脚向右上方一步,用左手将敌右手紧紧压在我右手腕上,使其不能移动。同时,上体右转前倾,以左肘发力压在敌右臂肘关节处,将其制服。如图7—271所示。

图7—270

图7—271

2.劈肘缠臂。歹徒以右手冲拳向我头部袭来,我迅速左腿后撤,并以左手从内向外抓住敌右手腕,随即右脚向前一步,右手由下向上劈敌肘关节。然后,我左脚上前,身体右转,同时右手抓按敌肩部,左手向下向外推敌手腕,将其制服。如图7—272所示。

图 7—272

3.回身反击肘。歹徒抓我后领部,我先以左手迅速向后抓敌手腕,并屈右臂,以小臂外侧击打敌肘关节。同时,身体迅速右转,使其被击受伤并将其制服。如图7—273所示。

图 7—273　　　　　　　　　　　图 7—274

4.撅腕下压。歹徒掐我喉部,我迅速以双手握住敌手掌并用力向上撅腕。同时,撤步后拉下压,将其制服。如图7—274所示。

5.拧指反拿。歹徒从身后以右手锁我喉部,我迅速以右手反抓敌右手小指和无名指。同时,转身反拧敌肘,将其制服。如图7—275所示。

6.抓腿压膝。歹徒起右脚向我腹部踹来,我迅速将身体重心后移。同时,以双手牢牢锁住敌脚踝,随即屈提左膝从上向下猛压敌膝关节,右手用力上抬,使其倒地就擒。如图7—276所示。

图 7—275　　　　　　　　　　　图 7—276

□思考题

1. 武术的特点和作用是什么？
2. 武术运动基本动作包括哪些？

第八章 健美操与体育舞蹈

□学习目标

1. 学习健美操的基本动作与组合。
2. 通过练习,健美形体,端正体态,陶冶情操。
3. 学习体育舞蹈的基本知识和基本动作。

第一节 健美操

健美操是以人体为对象、以健美为目的、以肢体锻炼为内容、以艺术创造为手段,集音乐、舞蹈、体操、美学于一体的体育项目。它以自身固有的价值和魅力风靡全世界,深受广大青年学生及群众喜爱。健美操的主要教学目的是将丰富的动作传授给学生,使他们通过练习养成正确的身体姿势;发展学生的协调性、灵活性、柔韧性和耐久性;改善他们的心血管系统功能,提高人体的有氧代谢能力;培养节奏感及现代美的气质。

一、健美操的身体锻炼价值

第一,健身的全面性、均衡性是大众健美操的突出优点。健美操动作的编排从上到下、从左到右,小到指关节、大到髋关节都体现了动作的均衡性和对称性。因此,完成一套健美操动作,可以使身体各部位得到全面、均衡的锻炼。

第二,健美操强调节奏和力度的结合。随着音乐的节拍,对动作所牵涉的肌肉群、关节和骨骼进行有节奏的自身负荷锻炼。经常进行健美操活动,可以改善身体各部位肌肉纤维组织和关节组织的耐力、速度和灵活性,并能提高骨骼的抗折断、抗弯曲和扭转的能力。

第三,健美操编排的运动负荷严格遵循人体运动的生理规律。运动负荷由小到大,动作由简到繁,强度由弱到强,逐步增加身体负荷,当达到和保持一定运动负荷后再逐渐减少,使运动者的心率变化由低到高,呈波浪形逐步上升,然后再逐渐恢复到平静状态,从而使心血管系统、呼吸系统、消化系统和内脏器官的机能得到改善和提高。

第四,大众健美操可以针对不同对象和不同锻炼者进行灵活的编排,并且在全面健身的基础上可以有所侧重,如减肥、增重、健胸等方面,使它具备了极具针对性的身体锻炼价值。

二、健美操的心理保健价值

第一,健美操具有心理调整和疏导作用。它使人感到的是一种痛快淋漓地自由伸展及活动后的兴奋和愉快,能使人忘却烦恼和忧虑,从而最大限度地激发人们的热情和活力,愉悦心情。

第二,健美操可以通过增强人们的体质、改善人们的身体形态来提高人们的自信心,改变其精神面貌。实践证明,健康的身体、充沛的活力和充分的自信是成功的内在物质条件和精神基础,而健美操恰是可以创造这种条件和基础的运动形式。

第三,健美操能够陶冶情操,净化心灵,给人以美的熏陶。健美操是一项融体育、音乐、舞蹈为一体,并将三者有机地结合起来的具有综合性特点的体育项目。音乐和动作是健美操的两个不可分割的部分,音乐能使锻炼者产生情感联想,感觉到美的诱惑。健美操在塑造人们外在美的同时还潜移默化地影响着人们的情操,使人胸怀宽广、乐观进取。对精神美的追求正是健美操的最高境界。

三、健美操的锻炼形式

(一)个人锻炼

主要是指个人和家庭锻炼。个人锻炼是一种灵活性、随意性较强,既经济又实惠的锻炼方式。但是由于个人锻炼缺少必要的教练指导及特有的环境与锻炼氛围,往往达不到科学的循序渐进和持之以恒的锻炼目的。

(二)集体锻炼

集体锻炼一般由健美操爱好者自发组织,它不受场地、人数、性别、动作的限制,在音乐的伴奏下,无拘无束地集体练习。

(三)健美操健身中心和健美操俱乐部

健美操健身中心和健美操俱乐部有各种不同的健身器械、健身指导员、健美操教练员及医务监督,有固定的课程及丰富的教学内容,是集健美、娱乐于一体的活动场所。

四、健美操运动的分类及基本动作

健美操运动分为健身性健美操和竞技性健美操两大类(如表8-1所示)。

(一)健美操运动的分类

表8-1 健美操运动的分类

健身性健美操			竞技性健美操
徒手健美操	器械健美操	特殊场地健美操	
一般健美操	踏板操	水中健美操	男子单人
形体健美操	哑铃操	固定器械健美操	女子单人
搏击操	杠铃操		混合双人
瑜珈健身术	橡皮筋操		三人
拉丁健美操	健身球操		混合六人
街舞			

(二)健美操的基本动作

健美操的基本动作是根据人体结构的机能特征来选择的,包括有:

1. 头部运动:屈、转、绕、绕环。
2. 肩部运动:提、沉、绕、绕环。
3. 上肢运动:举、伸、屈、摆、振、旋、绕、绕环(手型包括:拳、分掌、合掌)。
4. 胸部运动:含、挺。
5. 腰部运动:屈、转、绕、绕环。
6. 髋部运动:顶、提、绕、绕环。
7. 下肢运动(基本步):滚动步、踏步、跑跳步、"V"字步、交叉步、点弓步、开合跳、吸腿跳、踢腿跳、弹踢跳、弓步跳、后屈腿跳。

五、大众健美操四级套路(如表8-2及图解所示)。

表8-2 大众健美操四级套路

段	节拍	动作说明	要求
前奏 4×8	2×8 2×8	站立 踏步	
A:	①1-4 5-8 ②1-4 5-8 ③1-4 5-8 ④1-4 5-8 ⑤→⑧	左脚依次撑开立,还原 踏步 左脚开始前前、后后,两臂依次胸前屈,3-4时两臂同时向下振动两次 左右侧并步,两臂经肩侧屈上举 向左两次侧并步 向右两次侧并步 左脚开始"V"字步 再做一次"V"字步,同时左右击掌 同①→④	还原成并立时稍屈膝 注意膝关节的弹性,并腿时稍屈膝 "V"字步每次要还原到原位
B: 8×8	①1-4 5-8 ②1-4 5-8 ③→⑧	向前走四步,两臂经侧向上做体前大绕环一周半,头上击掌经侧举还原 左脚开始脚跟点地,两臂经胸前小臂上屈、胸前平屈、侧平举、还原至体侧 后退四步 左腿开始吸腿跳,两臂动作同上 同①→②,重复三遍	前后移动体现出步伐的流动性 注意主力腿的弹性
C: 8×8	①1-2 3-4 5-8 ②1-4 5-8 ③→④ ⑤→⑧	右转90°,左脚上步成分腿半蹲,两臂由右经上举绕至侧举和胸前平举。 左转90°,左脚落于右脚后,重心后移,右脚原地退一步,臂后摆。 动作同1-4,不加转体。向左侧交叉步两臂前后摆动 右脚原地小跳四次,同时左腿摆至侧下举、左前下举、左侧下举、还原 同①→②,方向相反 同①→④	分腿半蹲时重心应在两腿之间
D: 12×8	① ②1-4 5-8 ③→⑥ ⑦ ⑧→⑪ ⑫1-4 5-8	经左腿小跳,右腿侧摆,右左腿依次向左跨三步,左手撑地,左转90°坐地成体前屈,右手触脚。上体后倒成仰卧,两臂胸前平屈依次上下摆动分腿、屈膝、两臂经体侧至头后屈 四次仰卧起坐 仰卧向右翻转180°成跪俯撑 四次跪俯撑 上体后移成跪 左脚向右前方上步,右脚并于左脚站	向侧跨步时,重心逐渐下降,手臂水平摆动 上体抬起和下落要匀速,四拍上四拍下,除腹肌以外其他部位均不参与运动 两脚交叉收腹、臀部稍翘,头颈前伸,起落要匀速。 手臂在头两侧垂直上下交换

续表

段	节拍	动作说明	要求
E: 4×8	①1—4 5—8 ② ③1—4 5—8 ④	左脚开始侧弓步,臂经屈肘至侧上举,拳心向下 左脚开始向后弓步,两臂屈肘上摆 同① 左脚开始向前走四步,两小臂依次向前绕环 开合跳两次,左右臂在体侧依次向上屈伸 同③但1—4向后退,两臂向后绕环	弓步时脚跟应有弹性地着地、还原
F: 4×8	① ②1—2 3—4 5—8 ③→④	左脚开始向前跑四步,经半蹲分腿跳,落地缓冲 左脚向右前上步,右脚在原地垫一步 左臂前右侧平推 左脚向侧并步跳,两臂侧平推 右脚向后弧形跑 同①→②,方向相反	小分腿跳时要求收腹拔背,四肢在同一垂直面内
G: 8×8	①1—4 5—8 ② ③ ④ ⑤→⑧	左脚开始踏步 左脚开始侧点地,两臂经前交叉摆至侧下举 左脚开始向侧弹踢两次 两手臂上交叉 左脚开始向左前方、右前方做上步并步,两臂随之前摆击掌 左脚开始向左后方、右后方做侧滑步,两臂自然向侧、向内摆动 同①→④	点地时注意膝关节的弹动。最后拍作为下一拍的准备动作 上步并步动作应经弓步向前并步
H: 12×8	①1—2 3—8 ②1—4 5—8 ③ ④ ⑤ ⑥→⑨ ⑩ ⑪1—2 3—4 5—8 ⑫1—4 5—6 7—8	右转90°,右脚上步,左脚提膝 重心后倒成直角坐,再左转90°成侧卧 右腿侧摆一次 右腿后摆一次,右臂前举 同② 右腿屈膝、侧摆、屈膝、还原 同④,但最后两拍右转180°成侧卧 同②→⑤换左腿做左转180°,右脚上步站起 左脚侧步右腿后屈,同时转体180° 右脚侧步左腿后屈 同①—④ 左脚开始做侧步后屈 半蹲,双手再左侧击掌三次 两腿伸直,上体稍右转,左臂前举,右臂头后屈	重心后倒时左脚先着地,再双手撑地 侧摆腿不超过45° 后摆腿时禁止脊柱和头后屈 再做侧步屈膝时大腿屈伸要有力,富有弹性

图8—1 表8—2配图 大众健美操四级套路图解

图 8-1 表 8-2 配图 大众健美操四级套路图解(续一)

图 8-1 表 8-2 配图 大众健美操四级套路图解(续二)

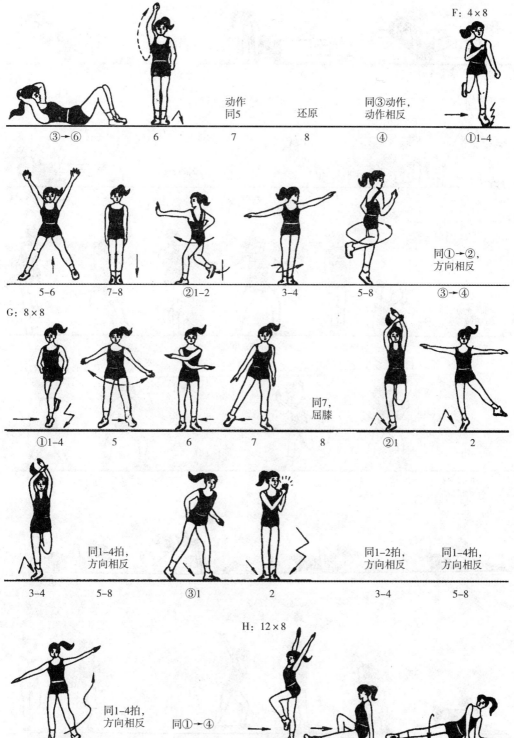

图 8-1 表 8-2 配图 大众健美操四级套路图解(续三)

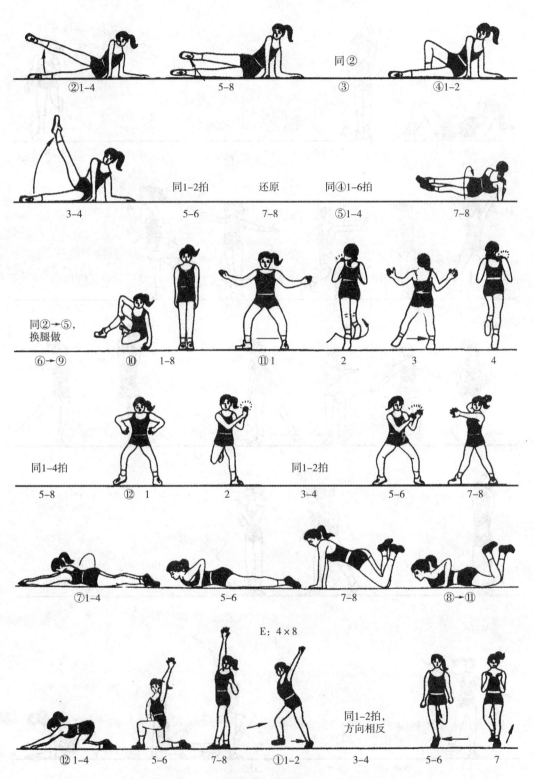

图8-1 表8-2配图 大众健美操四级套路图解（续四）

图 8—1 表 8—2 配图 大众健美操四级套路图解(续五)

第二节 体育舞蹈

一、体育舞蹈概述

体育舞蹈是以国际标准交际舞为基础,充满时代气息的体育竞赛项目。作为新兴的体育项目,体育舞蹈已被列入奥运会的正式比赛项目。同时它深受各国人民的欢迎和喜爱,被公认为最佳室内运动项目之一。

体育舞蹈始于国际标准舞,简称"国标舞",分为现代舞和拉丁舞两类,是现代流行的国际性的竞技舞蹈。人们将规范化的华尔兹、探戈、维也纳华尔兹、狐步、快步舞和伦巴、布鲁斯称为"国际标准交谊舞"。现在每年都举行多种形式的国际性比赛,其中有世界锦标赛、邀请赛、友谊赛、公开赛等,从而促进了国际标准交谊舞的发展。

二、体育舞蹈的特点

第一,内容丰富、舞种繁多。现代交际舞既有高难度的国际标准舞,又有简单流行的自娱性舞蹈,便于普及和开展,是很好的室内娱乐活动和体育锻炼形式,有益于身心健康。

第二,能全面、有重点地锻炼身体。只要合理地选择舞种,坚持经常锻炼,就能全面地增强各运动器官、内脏器官和神经系统的功能,促进人体的全面发展。此外,还能增进人体健康美、塑造形体美和陶冶心灵美。

第三,能培养人的艺术修养。学习体育舞蹈能培养节奏感、韵律感和审美感以及对音乐的理解能力和感受能力。

三、华尔兹舞

华尔兹是体育舞蹈中现代舞类历史最悠久、生命力最强的舞蹈形式,它是兼有文艺和体育的特点并具有娱乐性和表演观赏性的竞技舞蹈。

(一)基本步法

1.基本步,如图 8—2 所示。

该步动作可进、可退,可原地做。舞步按音乐节奏分大、中、小3步。

预备姿势

男女舞伴相对而立,以相隔约2拳之距为宜。男舞伴左臂向左侧举起,左手略高于肩,与腕部保持平直,轻握女伴右手。男伴右手臂呈圆弧形,手指并拢,轻放于女伴后腰左边略偏上位置上,手掌呈空心。女伴左臂向左侧举起,左手轻放于男伴右肩背部。如图8-3所示。

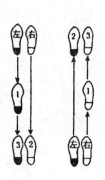   

图8-2　　　　　　　　　　　　　　图8-3

动作过程

1拍(嘭):男伴左脚后退一大步,女伴右脚前进一大步。

2拍(嚓):男伴右脚后退一步,女伴右脚向前一步。

3拍(嚓):男伴左脚向右脚靠拢,女伴右脚向左脚靠拢。

4拍(嘭):男伴右脚向前进一大步,女伴左脚向后退一大步。

5拍(嚓):男伴左脚向前进一步,女伴右脚向后退一步。

6拍(嚓):男伴右脚向左脚靠拢,女伴左脚向右脚靠拢。

2.方块步,如图8-4所示。

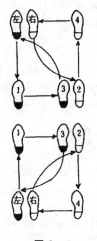   

图8-4　　　　　　　　　　　　　　图8-5

预备姿势

同基本步预备姿势。

动作过程

1拍(嘭):男伴左脚向正后方退一大步,女伴右脚向前进一大步。

2拍(嚓):男伴右脚经左脚旁横向跨开,女伴左脚经右脚旁横向跨开。如图8-5所示。

3拍(嚓):男伴左脚向右脚靠拢,女伴右脚向左脚靠拢。

4拍(嚓):男伴右脚向前进,女伴左脚向后退。

5拍(嚓):男伴左脚经右脚旁横向跨开,女伴右脚经左脚旁横向跨开。

6拍(嚓):男伴右脚向左脚靠拢,女伴左脚向右脚靠拢。

3.前进换步,如图8-6所示。

预备姿势

同基本步预备姿势。

动作过程

第1拍(嘭):男伴左脚前进一大步,女伴右脚后退一大步。

第2拍(嚓):男伴右脚前进一小步,女伴右脚再后退一小步。

第3拍(嚓):男伴左脚前进一小步,女伴右脚再后退一小步。

第4拍(嘭):男伴右脚再前进一大步,女伴左脚再后退一大步。

第5拍(嚓):男伴左脚前进一小步,女伴右脚后退一小步。

图8-6

第6拍(嚓):男伴右脚再前进一小步,女伴左脚再后退一小步。

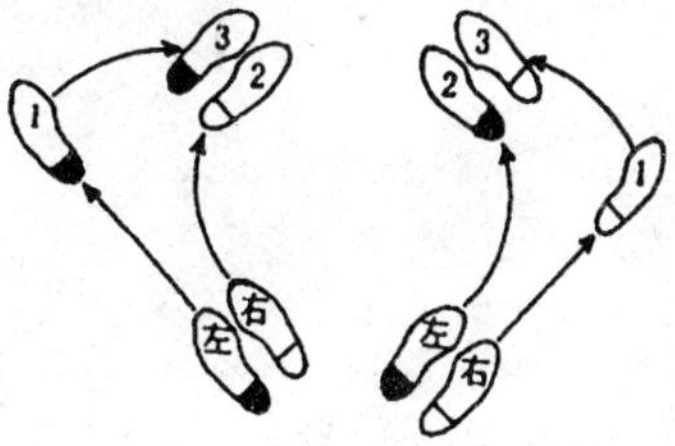

4.左、右转换步,如图8-7所示。

预备姿势

同前。

图8-7

动作过程

第1拍(嘭):男伴左(右)脚向前进,女伴右(左)脚向后退。

第2拍(嚓):男伴右(左)脚经左(右)旁横向跨(移)开,女伴左(右)脚经右(左)脚向右(左)脚旁横向跨(移)开。

第3拍(嚓):男伴左(右)脚向右(左)脚并步,女伴右脚(左)脚向左(右)脚并步。

(二)后退转步、左右转身、曲折步

1.后退转步,如图8-8所示。

预备姿势

同前。

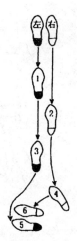

图8-8

动作过程

第1拍(嘭)：男伴左脚后退，女伴右脚前进。

第2拍(嚓)：男伴右脚向后退，女伴左脚向前。

第3拍(嚓)：男伴左脚再后退，女伴右脚再前进。

第4拍(嘭)：男伴右脚后退，上身向左回转。女伴右脚前进，上身向右回转。

第5拍(嚓)：男伴左脚后退，横跨一小步，上身向左回转。女伴右脚向前横跨一步。

第6拍(嚓)：男伴右脚速向左脚并步。女伴左脚向右脚并步。

2. 左(右)转身，如图8-9、8-10所示。

图8-9

图8-10

预备姿势

同前。

动作过程

第1拍（嘭）：男伴左（右）脚向前进，上身向左（右）回转。女伴右（左）脚后退，上身向右（左）回转。

第2拍（嚓）：男伴右（左）脚横向大步跨开，上身回转。女伴左（右）脚横向小步移开，上身稍向左回转。

第3拍（嚓）：男伴左（右）脚向右（左）脚并步。女伴右（左）脚向左（右）并步，停止回转。

第4拍（嘭）：男伴右（左）脚向后退，上身向左（右）回转。女伴左（右）脚前进，上身向右（左）回转。

第5拍（嚓）：男伴左（右）脚横向小步移开，回转上身。女伴右（左）脚横向大步跨开，继续回转。

第6拍（嚓）：男伴右（左）脚向左（右）靠拢。女伴左（右）脚向右（左）后转身脚靠拢，停止回转。

（三）曲折步、转体变换、旋转

1. 曲折步，如图8—11、8—12所示。

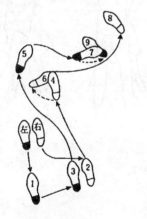  

图8—11　　　　　　　　　图8—12

预备姿势

同前。

动作过程

第1拍（嘭）：男伴左脚后退一步，女伴右脚前进一步。

第2拍（嚓）：男伴右脚经左脚旁横向跨开，女伴左脚经右脚旁横向跨开。

第3拍（嚓）：男伴左脚向右脚靠拢，女伴右脚向左脚靠拢。

第4拍（嘭）：男伴朝女伴右脚外侧作交叉状前进，女伴左脚向右脚后方作交叉状后退。

第5拍（嚓）：男伴左脚横向小步移开，女伴右脚横向小步移开。

第6拍(嚓):男伴右脚原地踏步,女伴左脚原地踏步。

第7拍(嘭):男伴左脚向女伴左脚外侧作交叉状前进,女伴右脚向身左后方作小角度交叉退步。

第8拍(嚓):男伴右脚横向跨开,女伴左脚小步移开。

第9拍(嚓):男伴左脚原地踏步,女伴右脚原地踏步。

2.转体变换,如图8-13、8-14所示。

预备姿势

同前。

动作过程

第1拍(嘭):男伴左脚前进,上身向左回转,右脚留后。女伴右脚后退,上身向左回转,右脚留前方。

第2拍(嚓):男伴右脚原地踏一步,再向左回转。女伴左脚在前方原地踏步,再向左回转。

第4拍(嘭):男伴右脚前进,上身向右回转。女伴左脚后退,上身向右回转。

图8-13　　　　　　　　图8-14

3.旋转,如图8-15所示。

预备姿势

同前。

动作过程

第1拍(嘭):男伴右脚前进,上身向右回转。女伴左脚后退,上身向右回转。

第2拍(嚓):男伴左脚横向大步跨开,继续回转。女伴右脚横向小步移开,继续回转。

第3拍(嚓):男伴右脚向左脚靠拢,女伴左脚向右脚靠拢。

第4拍(嘭):男伴左脚小步后退,上身向右回转,右脚仍留前方。女伴右脚前进,上身向右回转,左脚留后方。

第5拍(嚓):男伴右脚横向小步移开,继续回转。女伴左脚横向大步移开,继续回转。

第6拍(嚓):男伴左脚向右脚靠拢,即从第一步至此已转体360°。女伴右脚向左脚靠拢。

图 8—15

□思考题

1. 健美操有哪些锻炼价值?
2. 体育舞蹈的特点是什么?
3. 华尔兹舞的基本步法有哪些?

下篇 休闲体育篇

第九章 休闲体育

□学习目标

1. 了解休闲体育的多样性和趣味性。
2. 选择2～3项休闲体育项目终身锻炼。

第一节 保龄球

(一)保龄球运动的起源、发展和锻炼价值

保龄球运动起源于德国,它是由"九柱戏"演变而来,最终在美国得到完善和发展,成为流行于世界的、深受人民喜爱的一项体育活动。

保龄球运动在室内进行,运动量适宜。参加保龄球运动既可以锻炼身体、消除疲劳、调节情绪、增进健康,还可以增加人际交往,有利于联络感情。保龄球运动是一项集娱乐性、趣味性、技巧性和竞争性于一体的休闲体育活动,因此,受到人们的普遍欢迎。

(二)保龄球的打法和计分方法

保龄球的打法是:面向18米远的竖瓶,在球道上滚掷保龄球,撞倒竖瓶计分决定胜负。每局10轮,一局的最高分为300分,每轮有两次掷球机会。

第一次投掷全部击中时,叫"斯特垃克"(STRIKE),得10分,加上1轮10分。

第二次全部击中时,叫"斯皮额"(SPARE),也得10分,加到上1轮10分。单独击倒1个瓶为1分。"下道"、"不中"不得分;"越线"犯规,不得分。

第二节 台球运动

台球,也叫"桌球",有的叫"打弹子",是一种室内的、体力与脑力相结合的球类运动。这项活动融科学、艺术、健身、娱乐为一炉,既能锻炼身体,又能锻炼思维,几人共玩,还可以切磋球艺、交流感情。因此,台球深受广大群众欢迎。

台球的打法有很多,常见的有"落袋台球"、"彩色台球"(斯诺克式台球)和四球台球。下面重点介绍彩色台球,它在国际上甚为流行,也深受我国台球爱好者喜爱。

(一)球台和球

彩色台球的台面长3.5米、宽1.75米,四角和两腰各设1个小袋。每副球22个,其中红色球15个,白、黄、绿、棕、蓝、粉和黑色球各1个。白色球为主球,其他球的分值分别为:红色球1分、黄色球2分、绿色球3分、棕色球4分、蓝色球5分、粉色球6分、黑色球7分。比赛开始时布局如图9-1所示。

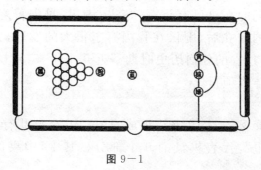

图9-1

(二)比赛方法

比赛前,将球按各自位置摆好。比赛开始,运动员将主球(白色球)摆在开球区内有利的位置上,第一击必须击红色球,红色球入袋后,第二击可以击任何一个彩色球,彩色球入袋后,再击一个红色球……直至击落最后一个红色球后又击落一个彩色球。再把击落的彩色球放回原来位置上,按黄、绿、棕、蓝、粉、黑的顺序击球,直至将黑色球击落袋内。正常情况下,将目标球击落袋内,按该球的分值计分,以得分高的一方为胜。

第三节 高尔夫球运动

高尔夫球是在户外广阔的自然地面上,以棒击球入穴的一项健身活动。正规的高尔夫球场占地60公顷,设72标准杆,18个穴,穴深0.102米,直径0.108米,穴间距离91.44~548.64米不等,击球棒长0.91~1.29米,由木质或塑料与金属混合制成。球为表面蜂窝状的胶质小球,直径不小于0.0416米。

单打按规定顺序逐一击球入穴的总杆数分胜负;团体以赢得穴数的多少分胜负,得穴数多的为胜。

为了适应城市开展高尔夫球活动的需要,近年来又有厂商研制了可移球穴,它由两支标准棒、四只标准球和入球盘组成。这种简易高尔夫球娱乐方式不受场地限制,除了能在公园、庭院、草坪挥杆之外,就是在居室的客厅里和阳台上,随处找一块微型球场也能健身与娱乐。如今这种家庭式的简易高尔夫球,避免了某些严格的规定与要求,只要将球打进可移动放置的球盘即可,以进球多寡而决出胜负,颇受人们的欢迎。

随着电子技术的发展,模拟高尔夫球场的投影高尔夫球活动,在居室内也可进行。

第四节　棋类运动

一、围棋

关于围棋战国时期的文献已有记载:"尧造围棋,丹朱善之。"围棋传到日本,是在南北朝时候。新中国成立后,围棋在我国有了很大的发展,无论是棋艺水平还是普及程度,都远超过了过去的任何历史时期。近几十年来,围棋在很多国家兴起,成为一种世界性的文化体育项目。

(一)棋盘划分

围棋棋盘由纵横交叉的各19条线组成,19×19,全盘共有361个交叉点。棋盘中有9个黑点称作"星",代表棋盘的9个部分。其中,中央的星叫作"天元"。如图9-2a所示。

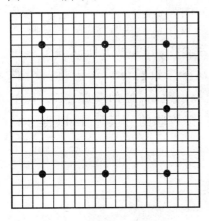

图 9-2a　　　　　　　　　　　　图 9-2b

棋盘划分方法有2种:

1.按区域划分棋盘的方法。9个点代表棋盘的9个部分,其中包括4个角、4个边、1个中央。如图9-2b所示。

2.按路线划分棋盘的方法。边线称"一路线",边线里的第二条线称"二路线",依次到十路线。如图9-2c所示。

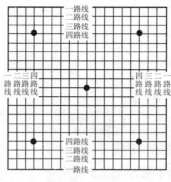

图9-2c

(二)简单规则

1.对局者2人。

2.一方拿黑子,一方拿白子。执黑棋一方先下子,让子棋白方先走子。

3.要把棋子走在线与线的交叉点上。

4.棋子落下以后,即使发现不好,也不能再换位置(即"落棋不悔")。

5.以占地多少决定胜负。

棋下结束的如图9-3所示,计算实地的如图9-4所示。

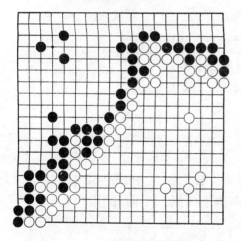

图9-3   图9-4

图9-4中白地:100+20+20+41(白子)=181-177又3/4=白胜3又1/4子

实际数-基本数=胜负数字

计算出一方的棋子数就能得出另一方的棋子数。

黑地:361-181=180-183又1/4=黑负3又1/4子。

总数--方数字=另一方-基本数=胜负数字

规则规定,在下完棋进行计算时,黑棋要贴还白棋2又3/4子。也就是说,黑棋要超过183又1/4子这个基本数才能获胜,而白棋只要达到177又3/4子这个理论数字(又叫基本数)就已获胜。

(三)围棋术语

1."吃"、"提"。如图9-5所示:左白1术语称"吃",右白1吃黑称"提"。

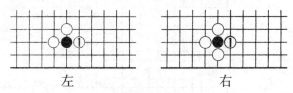

图9-5

2."碰"、"并"、"板"。如图9-6所示:左白1下在黑棋1旁边,术语称"碰";黑棋下在白1位置,称"并"。右白1碰时,黑2从上方挡住白棋一子的去路,称"板"。白1分开黑棋两子,施行各个击破的战术,术语称"断"。

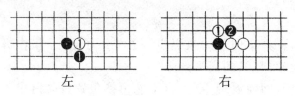

图9-6

3."接"、"曲"、"托"。如图9-7所示:左黑1连接自己分开的两个子,凝聚战斗力,术语称作"接",白2称"曲"。右白1下去黑子方,称"托"。

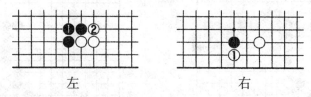

图9-7

4."压"、"退"、"爽"、"挡"。如图9-8所示:左黑1从上方压迫白棋二子,称"压"。为了防止黑走2位,包围住白子,白走2位称"退"。右白1走位后,术语称白1为"爽",黑2向下走称为"下立",白3称"挡",不让黑二子向外"出头"。

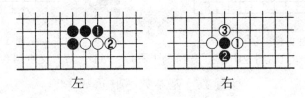

图9-8

5."虎"、"刺"。如图9-9所示:左黑1术语称"虎",A位叫"虎口"。右白1威胁着黑棋断点称"刺"。

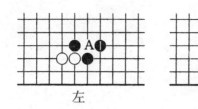

左　　　　　　　　右

图 9－9

6. "跳"、"大跳"。如图 9－10 所示：左白 1 称"跳"，右白 2 称"大跳"。

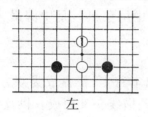 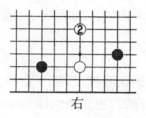

左　　　　　　　　右

图 9－10

7. "飞"、"大飞"。如图 9－11 所示：左黑 1 称"飞"，右黑 1 称"大飞"。

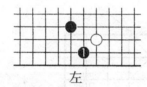 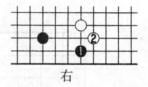

左　　　　　　　　右

图 9－11

(四)围棋比赛中常见的 3 个定式

如图 9－12、9－13、9－14 所示。

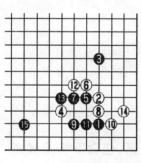 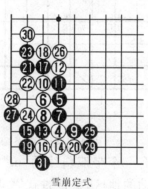 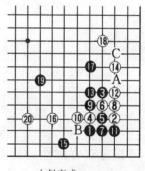

妖切定式　　　　　雪崩定式　　　　　大斜定式

图 9－12　　　　　图 9－13　　　　　图 9－14

(五)围棋十诀

1. 不得贪胜。

2. 入界宜缓。

3. 攻彼顾我。

4. 弃子争先。

5. 舍小就大。

6. 逢危须弃。

7. 慎勿轻(轻即"欲"意)速。

8. 动须(须即"宜"意)相应。

9. 彼强自保。

10. 势孤取和。

二、中国象棋

象棋是起源于中国的一种棋戏,又叫"中国象棋",是中国最为普及的一种益智类游戏。

(一)棋盘与棋子

一副象棋包括棋盘和棋子,棋子在棋盘上行走,棋盘成为双方棋子斗争的战场。图 9-15 是棋盘的样式,由 9 条纵线与 10 条横线交叉而成。棋盘中间有 1 条空白横道,是棋盘的河,其两边称为"河界",它把棋盘分为上下两部分,完全对称,分属黑方阵地与红方阵地。

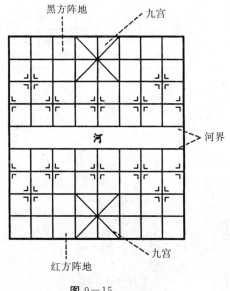

图 9-15

棋盘双方阵地的后方,都有一个带双斜线的"m"字形方框,包含 9 个交叉点,称为"九宫",它是主帅与谋士活动的地区,象征古代军队打仗的军帐,元帅居中,"运筹帷幄之中,决胜千里之外"。

全盘棋子共 32 个,分成红、黑两种颜色,各属一方,每方 16 个棋子又分 7 个兵种。红方:帅 1 个,仕 2 个,相 2 个,车 2 个,马 2 个,炮 2 个,兵 5 个。黑方:将 1 个,士 2 个,象 2 个,车 2 个,马 2 个,炮 2 个,卒 5 个。其中红帅与黑将是等效的,红、仕二者字面不同,流传至今仍保留了传统的习惯。

棋子置于棋盘的交叉点上,红黑棋子各摆在自己阵地内,图 9-16 是对弈前棋子的原台摆法,象征两军对立状态。每方主帅居中,左右棋子对称排列。

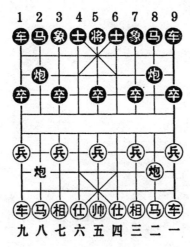

图 9-16

(二)下象棋方法

帅(将):只能在九宫内行走,每着只准走1步,前进、后退、平移皆可,但不能斜走。

仕(士):不能越出九宫,每着只限沿斜线走1步,可斜进斜退,但不能直进直退或平移。

相(象):每着斜走2步,可斜进斜退,但只能在自己阵地上行走,不能飞越河界。棋盘上没画出斜线。相行走时是从"田"字的一个端点走到对角的端点,俗称"相(象)飞田"。

车:每着只准沿直线,包括纵线与横线,可进、可退、可平移,且不限步数,也能越过河界,河面相当于有直线,允许车通过。

马:每着走一直一斜,或一横一斜,位置正好是"日"字形的对角端点,可进可退,俗称"马走日"。但如果在运动方向的直或横第1步位置有别的棋子(无论红棋子还是黑棋子),就不能通行,俗称"蹩马腿"。马还可以越过河界,走遍棋盘。马的吃法与走法相符。

炮:走法同车一样,但吃法与走法不同,它必须隔一个棋子(不论红棋子或黑棋子)跳吃。

兵(卒):未过河时,每着只准向前走1步,不能平移或后退。过河后,每着可向前直走或左右平移,但不能后退。

(三)象棋规则

象棋比赛是按照严格的规则进行的,双方都必须遵守。国家体育总局颁布的象棋规则内容很多,本书对入门者只介绍其中最重要的几条:

1. 摸子走子。
2. 落子无悔。
3. 帅与将不打照面。
4. 帅(将)被对方捉死作负。

5. 欠行作负。
6. 自动认输作负。
7. 单方面长将,不变作负。
8. 双方长将判和。
9. 双方愿和判和。
10. 双方无法取胜,判和。

(四)中国象棋四大战局

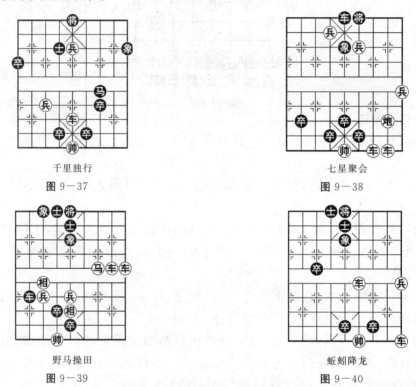

千里独行
图 9—37

七星聚会
图 9—38

野马操田
图 9—39

蚯蚓降龙
图 9—40

第五节 定向运动

一、定向运动概述

定向运动就是利用一张详细精确的地图和一个指南针,按顺序到访地图上所指示的各个点标,以最短时间到达所有点标者为胜。定向运动通常在森林、郊外或公园里进行,也可在大学校园里进行。一条标准的定向路线包括一个起点、一个终点和一系列点标。

二、定向运动的起源

定向运动起源于瑞典,最初只是一项军事体育活动。19世纪末20世纪初,欧洲北部斯堪的纳维亚半岛广阔而崎岖不平的土地上覆盖着一望无际的森林,散布着无数的湖泊，城镇、村庄稀疏散落，人们的交通主要是依靠那些隐现在林中、湖畔的弯弯曲曲的小路。在这样的地理环境中生活，理所当然地要比别的地方更需要地图和指南针，否则，要想穿越那莽莽林海是十分困难的。正因为如此，那些经常在斯堪的纳维亚半岛山林中行动的军队，便成了开展定向运动的先驱。他们深知，如果不具备在山林地辨别方向、选择道路和越野行进的能力，就不能完成保卫国家的重任。1918年，瑞典一位名叫吉兰特的童子军领袖组织了一次叫作"寻宝游戏"的活动，引起参加者的极大兴趣，这便是定向运动的雏形。

"定向"这个词在1886年首次使用，意思是：在地图和指南针的帮助下，越过不被人所知的地带。定向运动作为一种体育项目开展是20世纪初在北欧开始的，到20世纪30年代已发展到芬兰、挪威、瑞典、丹麦。1932年举行了第一次世界定向运动比赛。1961年国际定向联合会（IOF）在丹麦哥本哈根成立。国际定向联合会是世界定向运动的行政实体，是国际体育联合会总会之一。定向运动也是国际承认的奥林匹克体育项目。

这个活动组织方法简便，不仅对提高野外判定方向的能力及学习使用地图有好处，还能够培养和锻炼人的勇敢顽强精神，提高人的智力、体力水平。开展定向运动不需要其他体育项目那样在场地与器材上支付大量经费，娱乐性与实用性兼备，因此日益受到军队的重视，并且很快在民间流传开来。

三、定向运动的益处

定向运动是一个非常健康的智慧型体育项目，是智力与体力并重的运动。它不仅能强健体魄，而且还能培养人独立思考、独立解决所遇到困难的能力，以及在体力和智力受到压力下做出迅速反应、果断决定的能力。

定向运动是一项学生体育项目，因为它培养学生独立分析解决问题的能力和良好的逻辑思维能力；定向运动是一项家庭体育项目，周末一家人回归自然，放松身心，自我娱乐，融洽关系；定向运动是一项精英人才体育项目，因为它基于挑战，使人勇于尝试从未被尝试过的方案，并要求全身心地从双腿到大脑以最高时效达到目标；定向运动是一项非常重要的世界军事体育项目，拥有自己的世界锦标赛；定向运动是一项自然环境体育项目，因为它教会你如何在大自然中把握自己、爱护自然；定向运动是一项不需任何花费的群众性体育项目，所需的只是一张好的定向地图和一个指南针；定向运动是一项探险寻宝体育项目，给你惊险刺激的人生经历；定向运动是一项广交朋友的社交性体育项目，不论男女老少，相互交流，共享人生。

因此，定向运动吸引了全世界各个阶层、各个年龄段人们的广泛参与。

四、定向运动比赛的基本技术

（一）地图正置及拇指辅行法

先将地图正置，把拇指放在地图上自己的位置。这样你要前进的方向便在地图前面，使你能清楚地观察四周的环境及地理特征。当前进时，拇指随着移动，当改变前进方向时,地图也要随着转移,即保持地图北向正北方,那样你可以在任何时候都能立即指出自己在图中的位置,省不少时间和精力。

(二)利用指南针

利用指南针,准确地找出目标的方向,每次前往目标前,可先观察目标周围的地势,加深印象,可快速、准确地到达目的地。

(三)扶手法

利用明显地理或人做特征作引导,使前进时更具信心,如小径、围栅、小溪涧等,皆是有用的扶手。

(四)搜集途中所遇特征

辨别前往控制点途中所遇到的地理特征,确保前进方向及路线的正确,切勿将相似的特征误认。

(五)攻击点

先找出控制点附近特别明显的特征,然后利用指南针,从攻击点准确、迅速地前往控制点。攻击点必须是容易辨认,如电塔架、小路交点等。

(六)数步测距

先在地图上量度两点间的距离,然后利用步幅准确地测量要走的路程。

(七)目标偏测

除比赛时经常运用上述基本技术外,赛后检讨,找出常犯的错误及其原因,加以改正。初学者应多从基本技术上下功夫,切勿操之过急。

□ 思考题

1. 野外体育活动的锻炼价值有哪些?
2. 简述中国象棋规则。

附 录

附表 1 《学生体质健康标准》(试行方案)的评价指标和得分

年 级	评价指标	得 分
小学一、二年级	身高标准体重	60
	坐位体前屈	40
小学三、四年级	身高标准体重	40
	50 米跑	30
	立定跳远	30
小学五、六年级	身高标准体重	15
	台阶试验、50 米×8 往返跑	20
	肺活量体重指数	15
	50 米跑、立定跳远	30
	坐位体前屈、仰卧起坐(女)、握力体重指数	20
初中 高中 大学	身高标准体重	15
	台阶试验、1000 米跑(男)、800 米跑(女)	20
	肺活量体重指数	15
	50 米跑、立定跳远	30
	坐位体前屈、仰卧起坐(女)、握力体重指数	20

附表 2 《学生体质健康标准》评分表

附表 2-1 高中一年级至三年级男生身高 (体重单位:千克)

身高段(厘米)	营养不良(7 分)	较低体重(9 分)	正常体重(15 分)	超重(9 分)	肥胖(7 分)
140.0~140.9	<32.1	32.1~40.3	40.4~46.3	46.4~48.3	≥48.4
141.0~141.9	<32.4	32.4~40.7	40.8~47.0	47.4~49.1	≥49.2
142.0~142.9	<32.8	32.8~41.2	41.3~47.7	47.8~49.8	≥49.9
143.0~143.9	<33.3	33.3~41.7	41.8~48.2	48.8~50.3	≥50.4
144.0~144.9	<33.6	33.6~42.2	42.3~48.8	48.9~51.0	≥51.1
145.0~145.9	<34.0	34.0~42.7	42.8~49.5	49.6~51.7	≥51.8
146.0~146.9	<34.4	34.4~43.3	43.4~50.1	50.2~52.3	≥52.4
147.0~147.9	<35.0	35.0~43.9	44.0~50.8	50.9~53.1	≥53.2
148.0~148.9	<35.6	35.6~44.5	44.6~51.4	51.5~53.7	≥53.8
149.0~149.9	<36.2	36.2~45.1	45.2~52.2	52.3~54.5	≥54.6
150.0~150.9	<36.7	36.7~45.7	45.8~52.8	52.9~55.1	≥55.2
151.0~151.9	<37.3	37.3~46.2	46.3~53.4	53.5~55.8	≥55.9
152.0~152.9	<37.7	37.7~46.8	46.9~54.0	54.1~56.4	≥56.5
153.0~153.9	<38.2	38.2~47.4	47.5~54.6	54.7~57.0	≥57.1
154.0~154.9	<38.9	38.9~48.1	48.2~55.3	55.5~57.7	≥57.8
155.0~155.9	<39.6	39.6~48.8	48.9~56.0	56.1~58.4	≥58.5
156.0~156.9	<40.4	40.4~49.6	49.7~57.0	57.1~59.4	≥59.5
157.0~157.9	<41.0	41.0~50.3	50.4~57.7	57.8~60.1	≥60.2
158.0~158.9	<41.7	41.7~51.0	51.1~58.5	58.6~61.0	≥61.1
159.0~159.9	<42.4	42.4~51.7	51.8~59.2	59.3~61.7	≥67.8
160.0~160.9	<43.1	43.1~52.5	52.6~60.0	60.1~62.5	≥62.6
161.0~161.9	<43.8	43.8~53.3	53.4~60.8	60.9~63.3	≥63.4
162.0~162.9	<44.5	44.5~54.0	54.1~61.5	61.6~64.0	≥64.1
163.0~163.9	<45.3	45.3~54.8	54.9~62.5	62.6~65.0	≥65.1

续表

身高段(厘米)	营养不良(7分)	较低体重(9分)	正常体重(15分)	超重(9分)	肥胖(7分)
164.0~164.9	<45.9	45.9~55.5	55.6~63.2	63.3~65.7	>=65.8
165.0~165.9	<46.5	46.5~56.3	56.4~64.0	64.1~66.5	>=66.6
166.0~166.9	<47.1	47.1~57.0	57.1~64.7	64.8~67.2	
167.0~167.9	<48.0	48.0~57.8	57.9~65.6	65.7~68.2	>=68.3
168.0~168.9	<48.7	48.7~58.5	58.6~66.3	66.4~68.9	>=69.0
169.0~169.9	<49.3	49.3~59.2	59.3~67.0	67.1~69.6	>=69.7
170.0~170.9	<50.1	50.1~60.0	60.1~67.8	67.9~70.4	>=70.5
171.0~171.9	<50.7	50.7~60.6	60.7~68.8	68.9~71.2	>=71.3
172.0~172.9	<51.4	51.4~61.5	61.6~69.5	69.6~72.1	>=72.2
173.0~173.9	<52.1	52.1~62.2	62.3~70.3	70.4~73.0	>=73.1
174.0~174.9	<52.9	52.9~63.0	63.1~71.3	71.4~74.0	>=74.1
175.0~175.9	<53.7	53.7~63.8	63.9~72.2	72.3~75.0	>=75.1
176.0~176.9	<54.4	54.4~64.5	64.6~73.1	73.2~75.9	>=76.0
177.0~177.9	<55.2	55.2~65.2	65.3~73.9	74.0~76.8	>=76.9
178.0~178.9	<55.7	55.7~66.0	66.1~74.9	75.0~77.8	>=77.9
179.0~179.9	<56.4	56.4~66.7	66.8~75.7	75.8~78.7	>=78.8
180.0~180.9	<57.1	57.1~67.4	67.5~76.4	76.5~79.4	>=79.5
181.0~181.9	<57.7	57.7~68.1	68.2~77.4	77.7~80.6	>=80.7
182.0~182.9	<58.5	58.5~68.9	69.0~78.5	78.6~81.7	>=81.8
183.0~183.9	<59.2	59.2~69.6	69.7~79.4	79.5~82.6	>=82.7
184.0~184.9	<60.0	60.0~70.4	70.5~80.3	80.4~83.6	>=83.7
185.0~185.9	<60.8	60.8~71.2	71.3~81.3	81.4~84.6	>=84.7
186.0~186.9	<61.5	61.5~72.0	72.1~82.2	82.3~85.6	>=85.7
187.0~187.9	<62.3	62.3~72.9	73.0~83.3	83.4~86.7	>=86.8
188.0~188.9	<63.0	63.0~73.7	73.8~84.2	84.3~87.7	>=87.8
189.0~189.9	<63.9	63.9~74.5	74.6~85.0	85.1~88.5	>=88.6
190.0~190.9	<64.6	64.6~75.4	75.5~86.2	86.3~89.8	>=89.9

注:身高低于表中所列出的最低身高段的下限值时,身高每低1厘米,实体体重需加0.5公斤。
实测身高需加上1厘米,再查表确定分值。
身高高于表中所列出的最高身高段时,身高每高1厘米,其实测体重需减去0.9公斤。
实测身高需减去1厘米,再查表确定分值。

附表2—2 高中一年级至三年级女生身高标准体重 (体重单位:千克)

身高段(厘米)	营养不良(7分)	较低体重(9分)	正常体重(15分)	超重(9分)	肥胖(7分)
140.0~140.9	<33.8	33.8~40.3	40.4~48.0	48.1~50.5	>=50.6
141.0~141.9	<35.3	35.3~40.9	41.0~48.7	48.8~51.3	>=51.4
142.0~142.9	<35.6	35.6~41.4	41.5~49.2	49.3~51.8	>=51.9
143.0~143.9	<35.0	35.0~41.8	41.9~49.9	50.0~52.6	>=52.7
144.0~144.9	<35.3	35.3~42.2	42.3~50.3	50.4~53.0	>=53.1
145.0~145.9	<35.6	35.6~42.7	42.8~51.0	51.1~53.7	>=53.8
146.0~146.9	<36.1	36.1~43.2	43.3~51.6	51.7~54.4	>=54.5
147.0~147.9	<36.7	36.7~43.8	43.9~52.4	52.5~55.2	>=55.3
148.0~148.9	<37.0	37.0~44.3	44.4~52.9	53.0~55.7	>=55.8
149.0~149.9	<37.4	37.4~44.8	44.9~53.4	53.5~56.2	>=56.3
150.0~150.9	<37.9	37.9~45.3	45.4~54.0	54.1~56.9	>=57.0
151.0~151.9	<38.4	38.4~45.8	45.9~54.5	54.6~57.4	>=57.5

续表

身高段(厘米)	营养不良(7分)	较低体重(9分)	正常体重(15分)	超重(9分)	肥胖(7分)
152.0~152.9	<38.9	38.9~46.3	46.4~55.2	55.3~57.9	>=58.0
153.0~153.9	<39.4	39.4~46.7	46.9~55.7	55.8~58.6	>=58.7
154.0~154.9	<40.0	40.0~47.4	47.5~56.4	56.5~59.4	>=59.5
155.0~155.9	<40.5	40.5~47.9	48.0~56.9	57.0~59.9	>=60.0
156.0~156.9	<41.1	41.1~48.5	48.6~57.5	57.6~60.5	>=60.6
157.0~157.9	<41.6	41.6~49.1	49.2~58.1	58.2~61.1	>=61.2
158.0~158.9	<42.0	42.0~49.6	49.7~58.8	58.9~61.8	>=61.9
159.0~159.9	<42.5	42.5~50.2	50.3~59.5	59.6~62.6	>=62.7
160.0~160.9	<43.0	43.0~50.7	50.8~60.0	60.1~63.1	>=63.2
161.0~161.9	<43.5	43.5~51.2	51.3~60.7	60.8~63.8	>=63.9
162.0~162.9	<44.0	44.0~51.7	51.8~61.2	61.3~64.3	>=64.4
163.0~163.9	<44.4	44.4~52.2	52.3~61.8	61.9~65.0	>=65.1
164.0~164.9	<44.8	44.8~52.7	52.8~62.3	62.4~65.5	>=65.6
165.0~165.9	<45.2	45.2~53.1	53.2~62.7	62.8~65.9	>=66.0
166.0~166.9	<45.6	45.6~53.6	53.7~63.4	63.5~66.6	>=66.7
167.0~167.9	<46.1	46.1~54.1	54.2~64.1	64.2~67.1	>=67.2
168.0~168.9	<46.6	46.6~54.6	54.7~64.9	65.0~67.6	>=67.7
169.0~169.9	<47.1	47.1~55.2	55.3~65.3	65.4~68.4	>=68.5
170.0~170.9	<47.6	47.6~55.7	55.8~65.8	65.9~68.9	>=69.0
171.0~171.9	<48.1	48.1~56.4	56.5~66.3	66.4~69.6	>=69.7
172.0~172.9	<48.7	48.7~57.0	57.1~67.1	67.2~70.4	>=70.5
173.0~173.9	<49.3	49.3~57.6	57.7~67.7	67.8~71.0	>=71.1
174.0~174.9	<49.9	49.9~58.2	58.3~68.3	68.4~71.6	>=71.7
175.0~175.9	<50.5	50.5~58.9	59.0~69.1	69.2~72.5	>=72.6
176.0~176.9	<50.9	50.9~59.5	59.6~69.9	70.0~73.3	>=73.4
177.0~177.9	<51.6	51.6~60.2	60.3~70.6	70.7~74.0	>=74.1
178.0~178.9	<52.1	52.1~60.9	64.0~71.4	71.5~74.9	>=75.0
179.0~179.9	<52.6	52..6~61.5	61.6~72.0	72.1~75.5	>=75.6
180.0~180.9	<53.3	53.3~62.2	62.3~72.7	72.8~76.2	>=76.3
181.0~181.9	<53.8	53.8~62.8	62.9~73.3	73.4~76.8	>=76.9
182.0~182.9	<54.4	54.4~63.4	63.5~73.9	74.0~77.4	>=77.5
183.0~183.9	<55.0	55.0~64.0	64.1~74.7	74.8~78.2	>=78.3
184.0~184.9	<55.4	55.4~64.6	64.7~75.3	75.4~78.8	>=78.9
185.0~185.9	<55.8	55.8~63.3	63.4~76.1	76.2~79.7	>=79.8

注：同附表 2-1。

附表 2-3 大学男生身高标准体重　　　　　　(体重单位：千克)

身高段(厘米)	营养不良(7分)	较低体重(9分)	正常体重(15分)	超重(9分)	肥胖(7分)
140.0~140.9	<32.1	32.1~40.3	40.4~46.3	46.4~48.3	>=48.4
141.0~141.9	<32.4	32.4~40.7	40.8~47.0	47.1~49.1	>=49.2
142.0~142.9	<32.8	32.8~41.2	41.3~47.7	47.8~49.8	>=49.9
143.0~143.9	<33.3	33.3~41.7	41.8~48.2	48.8~50.3	>=50.4
144.0~144.9	<33.6	33.6~42.2	42.3~48.8	48.9~51.0	>=51.1
145.0~145.9	<34.0	34.0~42.7	42.8~49.5	49.6~51.7	>=51.8
146.0~146.9	<34.4	34.4~43.3	43.4~50.1	50.2~52.3	>=52.4

续表

身高段(厘米)	营养不良(7分)	较低体重(9分)	正常体重(15分)	超重(9分)	肥胖(7分)
147.0～147.9	<35.0	35.0～43.9	44.0～50.8	50.9～53.1	>=53.2
148.0～148.9	<35.6	35.6～44.5	44.6～51.4	51.5～53.7	>=53.8
149.0～149.9	<36.2	36.2～45.1	45.2～52.2	52.3～54.5	>=54.6
150.0～150.9	<36.7	36.7～45.7	45.8～52.8	52.9～55.1	>=55.2
151.0～151.9	<37.3	37.3～46.2	46.3～53.4	53.5～55.8	>=55.9
152.0～152.9	<37.7	37.7～46.8	46.9～54.0	54.1～56.4	>=56.5
153.0～153.9	<38.2	38.2～47.4	47.5～54.6	54.7～57.0	>=57.1
154.0～154.9	<38.9	38.9～48.1	48.2～55.3	55.4～57.7	>=57.8
155.0～155.9	<39.6	39.6～48.8	48.9～56.0	56.1～58.4	>=58.5
156.0～156.9	<40.4	40.4～49.6	49.7～57.0	57.1～59.4	>=59.5
157.0～157.9	<41.0	41.0～50.3	50.4～57.7	57.8～60.1	>=60.2
158.0～158.9	<41.7	41.7～51.0	51.1～58.5	58.6～61.0	>=61.1
159.0～159.9	<42.4	42.4～51.7	51.8～59.2	59.3～61.7	>=61.8
160.0～160.9	<43.1	43.1～52.5	52.6～60.0	60.1～62.5	>=62.6
161.0～161.9	<43.8	43.8～53.3	53.4～60.8	60.9～63.3	>=63.4
162.0～162.9	<44.5	44.5～54.0	54.1～61.5	61.6～64.0	>=64.1
163.0～163.9	<45.3	45.3～54.8	54.9～62.5	62.6～65.0	>=65.1
164.0～164.9	<45.9	45.9～55.5	55.6～63.2	63.3～65.7	>=65.8
165.0～165.9	<46.5	46.5～56.3	56.4～64.0	64.1～66.5	>=66.6
166.0～166.9	<47.1	47.1～57.0	57.1～64.7	64.8～67.2	>=67.3
167.0～167.9	<48.0	48.0～57.8	57.9～65.6	65.7～68.2	>=68.3
168.0～168.9	<48.7	48.7～58.5	58.6～66.3	66.4～68.9	>=69.0
169.0～169.9	<49.3	49.3～59.2	59.3～67.0	67.1～69.6	>=69.7
170.0～170.9	<50.1	50.1～60.0	60.1～67.8	67.9～70.4	>=70.5
171.0～171.9	<50.7	50.7～60.6	60.7～68.8	68.9～71.2	>=71.3
172.0～172.9	<51.4	51.4～61.5	61.6～69.5	69.6～72.1	>=72.2
173.0～173.9	<52.1	52.1～62.2	62.3～70.3	70.4～73.0	>=73.1
174.0～174.9	<52.9	52.9～63.0	63.1～71.3	71.4～74.0	>=74.1
175.0～175.9	<53.7	53.7～63.8	63.9～72.2	72.3～75.0	>=75.1
176.0～176.9	<54.4	54.4～64.5	64.6～73.1	73.2～75.9	>=76.0
177.0～177.9	<55.2	55.2～65.2	65.3～73.9	74.0～76.8	>=76.9
178.0～178.9	<55.7	55.7～66.0	66.1～74.9	75.0～77.8	>=77.9
179.0～179.9	<56.4	56.4～66.7	66.8～75.7	75.8～78.7	>=78.8
180.0～180.9	<57.1	57.1～67.4	67.5～76.4	76.5～79.4	>=79.5
181.0～181.9	<57.7	57.7～68.1	68.2～77.4	77.7～80.6	>=80.7
182.0～182.9	<58.5	58.5～68.9	69.0～78.5	78.6～81.7	>=81.8
183.0～183.9	<59.2	59.2～69.6	69.7～79.4	79.5～82.6	>=82.7
184.0～184.9	<60.0	60.0～70.4	70.5～80.3	80.4～83.6	>=83.7
185.0～185.9	<60.8	60.8～71.2	71.3～81.3	81.4～84.6	>=84.7
186.0～186.9	<61.5	61.5～72.0	72.1～82.2	82.3～85.6	>=85.7
187.0～187.9	<62.3	62.3～72.9	73.0～83.3	83.4～86.7	>=86.8
188.0～188.9	<63.0	63.0～73.7	73.8～84.2	84.3～87.7	>=87.8
189.0～189.9	<63.9	63.9～74.5	74.6～85.0	85.1～88.5	>=88.6
190.0～190.9	<64.6	64.6～75.4	75.5～86.2	86.3～89.8	>=89.9

注：同附表2－1

附表 2-4　大学女生身高标准体重　　　　　　　　　　（体重单位：千克）

身高段(厘米)	营养不良(7分)	较低体重(9分)	正常体重(15分)	超重(9分)	肥胖(7分)
140.0~140.9	<36.5	36.5~42.4	42.5~50.6	50.7~53.3	>=53.4
141.0~141.9	<36.6	36.6~42.9	43.0~51.3	51.4~54.1	>=54.2
142.0~142.9	<36.8	36.8~43.2	43.3~51.9	52.0~54.7	>=54.8
143.0~143.9	<37.0	37.0~43.5	43.6~52.3	52.4~55.2	>=55.3
144.0~144.9	<37.2	37.2~43.7	43.8~52.7	52.8~55.6	>=55.7
145.0~145.9	<37.5	37.5~44.0	44.1~53.1	53.2~56.1	>=56.2
146.0~146.9	<37.9	37.9~44.4	44.5~53.7	53.8~56.7	>=56.8
147.0~147.9	<38.5	38.5~45.0	45.1~54.3	54.4~57.3	>=57.4
148.0~148.9	<39.1	39.1~45.7	45.8~55.0	55.1~58.0	>=58.1
149.0~149.9	<39.5	39.5~46.2	46.3~55.6	55.7~58.7	>=58.8
150.0~150.9	<39.9	39.9~46.6	46.7~56.2	56.3~59.3	>=59.4
151.0~151.9	<40.3	40.3~47.1	47.2~56.7	56.8~59.8	>=59.9
152.0~152.9	<40.8	40.8~47.6	47.7~57.4	57.5~60.5	>=60.6
153.0~153.9	<41.1	41.4~48.2	48.3~57.9	58.0~61.1	>=61.2
154.0~154.9	<41.9	41.9~48.8	48.9~58.6	58.7~61.9	>=62.0
155.0~155.9	<42.3	42.3~49.1	49.2~59.1	59.2~62.4	>=62.5
156.0~156.9	<42.9	42.9~49.7	49.8~59.7	59.8~63.0	>=63.1
157.0~157.9	<43.6	43.6~50.3	50.4~60.4	60.5~63.6	>=63.7
158.0~158.9	<44.0	44.0~50.8	50.9~61.2	61.3~64.5	>=64.6
159.0~159.9	<44.5	44.5~51.4	51.5~61.7	61.8~65.1	>=65.2
160.0~160.9	<45.0	45.0~52.1	52.2~62.3	62.4~65.6	>=65.7
161.0~161.9	<45.4	45.4~52.5	52.6~62.8	62.9~66.2	>=66.3
162.0~162.9	<45.9	45.9~53.1	53.2~63.4	63.5~66.8	>=66.9
163.0~163.9	<46.4	46.4~53.6	53.7~63.9	64.0~67.3	>=67.4
164.0~164.9	<46.8	46.8~54.2	54.3~64.5	64.6~67.9	>=68.0
165.0~165.9	<47.4	47.4~54.8	54.9~65.0	65.1~68.3	>=68.4
166.0~166.9	<48.0	48.0~55.4	55.5~65.5	65.6~68.9	>=69.0
167.0~167.9	<48.5	48.5~56.0	56.1~66.2	66.3~69.5	>=69.6
168.0~168.9	<49.0	49.0~56.4	56.5~66.7	66.8~70.1	>=70.2
169.0~169.9	<49.4	49.4~56.8	56.9~67.3	67.4~70.7	>=70.8
170.0~170.9	<49.9	49.9~57.3	57.4~67.9	68.0~71.4	>=71.5
171.0~171.9	<50.2	50.2~57.8	57.9~68.5	68.6~72.1	>=72.2
172.0~172.9	<50.7	50.7~58.4	58.5~69.1	69.2~72.7	>=72.8
173.0~173.9	<51.0	51.0~58.8	58.9~69.6	69.7~73.1	>=73.2
174.0~174.9	<51.3	51.3~59.3	59.4~70.2	70.3~73.6	>=73.7
175.0~175.9	<51.9	51.9~59.9	60.0~70.8	70.9~74.4	>=74.5
176.0~176.9	<52.4	52.4~60.4	60.5~71.5	71.6~75.1	>=75.2
177.0~177.9	<52.8	52.8~61.0	61.1~72.1	72.2~75.7	>=75.8
178.0~178.9	<53.2	53.2~61.5	61.6~72.6	72.7~76.2	>=76.3
179.0~179.9	<53.6	53.7~62.0	62.1~73.2	73.3~76.7	>=76.8
180.0~180.9	<54.1	54.1~62.5	62.6~73.7	73.8~77.0	>=77.1
181.0~181.9	<54.5	54.5~63.1	63.2~74.3	74.4~77.8	>=77.9
182.0~182.9	<55.1	55.1~63.8	63.9~75.0	75.1~79.4	>=79.5
183.0~183.9	<55.6	55.6~64.5	64.6~75.7	75.8~80.4	>=80.5
184.0~184.9	<56.1	56.1~65.3	65.4~76.6	76.7~81.2	>=81.3
185.0~185.9	<56.8	56.8~66.1	66.2~77.5	77.6~82.4	>=82.5
186.0~186.9	<57.3	57.3~66.9	67.0~78.6	78.7~83.3	>=83.4

注：同附表 2-1。

附表 2—5a 高中一年级男生评分标准

项目 \ 分值	优秀 成绩	分值	优秀 成绩	分值	良好 成绩	分值	良好 成绩	分值	及格 成绩	分值	及格 成绩	分值	不及格 成绩	分值
台阶试验	64 以上	20	63～59	17	58～53	16	52～49	15	48～47	13	46～41	12	40 以下	10
1000 米跑	3′42″以下	20	3′43″～3′50″	17	3′51″～4′06″	16	4′07″～4′25″	15	4′26″～4′39″	13	4′40″～5′14″	12	5′15″以上	10
肺活量体重指数	73 以上	15	72～68	13	67～61	12	60～53	11	52～48	10	47～38	9	37 以下	8
50 米跑（秒）	6.8 以下	30	6.9～7.0	26	7.1～7.3	25	7.4～7.6	23	7.7～7.8	20	7.9～8.4	18	8.5 以上	15
立定跳远（厘米）	254 以上	30	253～248	26	247～235	25	234～220	23	219～215	20	214～198	18	197 以下	15
坐位体前屈（厘米）	17.1 以上	20	17.0～15.0	17	14.9～11.2	16	11.1～7.2	15	7.1～5.0	13	4.9～1.0	12	～1.1 以下	10
握力体重指数	77 以上	20	76～71	17	70～61	16	60～53	15	52～50	13	49～40	12	39 以下	10

附表 2—5b 高中一年级女生评分标准

项目 \ 分值	优秀 成绩	分值	优秀 成绩	分值	良好 成绩	分值	良好 成绩	分值	及格 成绩	分值	及格 成绩	分值	不及格 成绩	分值
台阶试验	59 以上	20	58～55	17	54～50	16	49～46	15	45～44	13	43～40	12	39 以下	10
800 米跑	3′39″以下	20	3′40″～3′48″	17	3′49″～4′04″	16	4′05″～4′24″	15	4′25″～4′37″	13	4′38″～5′10″	12	5′11″以上	10
肺活量体重指数	60 以上	15	59～56	13	55～49	12	48～42	11	41～39	10	38～27	9	26 以下	8
50 米跑（秒）	8.2 以下	30	8.3～8.5	26	8.6～8.9	25	9.0～9.4	23	9.5～9.6	20	9.7～10.6	18	10.7 以上	15
立定跳远（厘米）	196 以上	30	195～190	26	189～179	25	178～169	23	168～162	20	161～145	18	144 以下	15
坐位体前屈（厘米）	18.1 以上	20	18.0～16.0	17	15.9～12.6	16	12.5～8.6	15	8.5～6.5	13	4.9～1.0	12	～0.1 以下	10
握力体重指数	61 以上	20	60～55	17	54～48	16	47～40	15	39～38	13	37～29	12	28 以下	10
仰卧起坐（次/分钟）	44 以上	20	43～40	17	39～35	16	34～28	15	27～25	13	24～16	12	15 以下	10

附表 2—6a 高中二年级男生评分标准

项目 \ 分值	优秀 成绩	分值	优秀 成绩	分值	良好 成绩	分值	良好 成绩	分值	及格 成绩	分值	及格 成绩	分值	不及格 成绩	分值
台阶试验	63 以上	20	62～59	17	58～53	16	52～49	15	48～46	13	45～41	12	40 以下	10
1000 米跑	3′41″以下	20	3′42″～3′50″	17	3′51″～4′04″	16	4′05″～4′23″	15	4′24″～4′34″	13	4′35″～5′08″	12	5′09″以上	10
肺活量体重指数	73 以上	15	72～69	13	68～61	12	60～54	11	53～49	10	48～36	9	35 以下	8

续表

项目 \ 分值	优秀 成绩	优秀 分值	优秀 成绩	优秀 分值	良好 成绩	良好 分值	良好 成绩	良好 分值	及格 成绩	及格 分值	及格 成绩	及格 分值	不及格 成绩	不及格 分值
50米跑(秒)	6.6以下	30	6.7~6.9	26	7.0~7.2	25	7.3~7.4	23	7.5~7.6	20	7.7~8.2	18	8.3以上	15
立定跳远(厘米)	256以上	30	255~250	26	249~235	25	234~221	23	220~215	20	214~190	18	189以下	15
坐位体前屈(厘米)	17.1以上	20	17.0~15.0	17	14.9~11.5	16	11.4~7.2	15	7.1~5.0	13	4.9~2.0	12	~2.1以下	10
握力体重指数	81以上	20	80~76	17	75~67	16	66~58	15	57~52	13	51~41	12	40以下	10

附表2-6b 高中二年级女生评分标准

项目 \ 分值	优秀 成绩	优秀 分值	优秀 成绩	优秀 分值	良好 成绩	良好 分值	良好 成绩	良好 分值	及格 成绩	及格 分值	及格 成绩	及格 分值	不及格 成绩	不及格 分值
台阶试验	58以上	20	57~54	17	54~49	16	48~45	15	44~42	13	41~39	12	38以下	10
800米跑	3'40"以下	20	3'41"~3'49"	17	3'50"~4'05"	16	4'06"~4'25"	15	4'26"~4'37"	13	4'38"~5'12"	12	5'13"以上	10
肺活量体重指数	60以上	15	59~55	13	55~48	12	47~41	11	40~38	10	37~26	9	25以下	8
50米跑(秒)	8.1以下	30	8.2~8.4	26	8.5~8.8	25	8.9~9.2	23	9.3~9.4	20	9.5~10.3	18	10.4以上	15
立定跳远(厘米)	194以上	30	193~186	26	185~175	25	174~165	23	164~160	20	159~140	18	139以下	15
坐位体前屈(厘米)	17.7以上	20	17.6~15.8	17	15.7~12.2	16	12.1~8.8	15	8.7~6.3	13	6.2~0.0	12	~0.1以下	10
握力体重指数	62以上	20	61~56	17	55~50	16	49~42	15	41~40	13	39~30	12	29以下	10
仰卧起坐(次/分钟)	45以上	20	44~41	17	40~35	16	34~30	15	29~26	13	25~17	12	16以下	10

附表2-7a 高中三年级男生评分标准

项目 \ 分值	优秀 成绩	优秀 分值	优秀 成绩	优秀 分值	良好 成绩	良好 分值	良好 成绩	良好 分值	及格 成绩	及格 分值	及格 成绩	及格 分值	不及格 成绩	不及格 分值
台阶试验	61以上	20	60~57	17	56~51	16	50~47	15	46~45	13	44~41	12	40以下	10
1000米跑	3'39"以下	20	3'40"~3'48"	17	3'49"~4'03"	16	4'04"~4'22"	15	4'23"~4'34"	13	4'35"~5'11"	12	5'12"以上	10
肺活量体重指数	71以上	15	70~66	13	65~68	12	57~50	11	49~46	10	45~36	9	35以下	8
50米跑(秒)	6.6以下	30	6.7~6.8	26	6.9~7.1	25	7.2~7.4	23	7.5~7.6	20	7.7~8.4	18	8.5以上	15
立定跳远(厘米)	260以上	30	259~252	26	251~240	25	239~226	23	225~220	20	219~201	18	200以下	15
坐位体前屈(厘米)	18.8以上	20	18.7~16.0	17	15.9~12.0	16	11.9~8.0	15	7.9~6.0	13	4.9~0.0	12	~0.1以下	10
握力体重指数	81以上	20	80~74	17	73~66	16	65~58	15	57~54	13	53~41	12	40以下	10

附表 2-7b　高中三年级女生评分标准

项目＼分值	优秀				良好				及格				不及格	
	成绩	分值	成绩	分值	成绩	分值	成绩	分值	成绩	分值	成绩	分值	成绩	分值
台阶试验	57以上	20	56～54	17	53～49	16	48～45	15	44～43	13	42～39	12	38以下	10
800米跑	3'40"以下	20	3'41"～3'50"	17	3'51"～4'07"	16	4'08"～4'25"	15	4'26"～4'38"	13	4'39"～5'10"	12	5'11"以上	10
肺活量体重指数	59以上	15	58～54	13	53～48	12	47～41	11	40～37	10	36～26	9	25以下	8
50米跑（秒）	8.1以下	30	8.2～8.4	26	8.5～8.8	25	8.9～9.2	23	9.3～9.5	20	9.6～10.0	18	10.1以上	15
立定跳远（厘米）	198以上	30	197～190	26	189～180	25	179～170	23	169～160	20	159～135	18	134以下	15
坐位体前屈（厘米）	19.1以上	20	19.0～16.5	17	16.4～13.0	16	12.9～10.0	15	9.9～7.8	13	7.7～～0.0	12	～0.1以下	10
握力体重指数	59以上	20	58～55	17	54～49	16	48～43	15	42～40	13	39～30	12	29以下	10
仰卧起坐（次/分钟）	44以上	20	43～41	17	40～35	16	34～29	15	28～25	13	24～18	12	17以下	10

附表 2-8a　大学男生评分标准

项目＼分值	优秀				良好				及格				不及格	
	成绩	分值	成绩	分值	成绩	分值	成绩	分值	成绩	分值	成绩	分值	成绩	分值
台阶试验	59以上	20	58～54	17	53～50	16	49～46	15	45～43	13	42～40	12	39以下	10
1000米跑	3'39"以下	20	3'40"～3'46"	17	3'49"～4'00"	16	4'01"～4'18"	15	4'19"～4'29"	13	4'30"～5'04"	12	5'05"以上	10
肺活量体重指数	75以上	15	74～70	13	69～64	12	63～57	11	56～54	10	53～44	9	43以下	8
50米跑（秒）	6.8以下	30	6.9～7.0	26	7.1～7.3	25	7.4～7.7	23	7.8～8.0	20	8.1～8.4	18	8.5以上	15
立定跳远（厘米）	255以上	30	254～250	26	249～239	25	238～227	23	226～220	20	219～195	18	194以下	15
坐位体前屈（厘米）	18.1以上	20	18.0～16.0	17	15.9～12.3	16	12.2～8.9	15	8.8～6.7	13	6.6～0.1	12	0.0以下	10
握力体重指数	75以上	20	74～70	17	69～63	16	62～56	15	55～51	13	50～41	12	40以下	10

附表 2-8b　大学女生评分标准

项目＼分值	优秀				良好				及格				不及格	
	成绩	分值	成绩	分值	成绩	分值	成绩	分值	成绩	分值	成绩	分值	成绩	分值
台阶试验	56以上	20	55～52	17	51～48	16	47～44	15	43～42	13	41～25	12	24以下	10
800米跑	3'37"以下	20	3'38"～3'45"	17	3'46"～4'00"	16	4'01"～4'19"	15	4'20"～4'30"	13	4'31"～5'03"	12	5'04"以上	10
肺活量体重指数	61以上	15	60～57	13	56～51	12	50～46	11	45～42	10	41～32	9	31以下	8

续表

项目 \ 分值	优秀 成绩	分值	优秀 成绩	分值	良好 成绩	分值	良好 成绩	分值	及格 成绩	分值	及格 成绩	分值	不及格 成绩	分值
50米跑(秒)	8.3以下	30	8.4~8.7	26	8.8~9.1	25	9.2~9.6	23	9.7~9.8	20	9.9~11.0	18	11.1以上	15
立定跳远(厘米)	196以上	30	195~187	26	186~178	25	177~166	23	165~161	20	160~139	18	138以下	15
坐位体前屈(厘米)	18.1以上	20	18.0~16.2	17	16.1~13.0	16	12.9~9.0	15	8.9~7.8	13	7.7~3.0	12	2.9以下	10
握力体重指数	57以上	20	56~52	17	51~56	16	45~40	15	39~36	13	35~29	12	28以下	10
仰卧起坐(次/分钟)	44以上	20	43~41	17	40~35	16	34~28	15	27~24	13	23~20	12	19以下	10

附表3 《学生体质健康标准》(试行方案)登记卡(高级中学)

省(自治区、直辖市)		地(市、区、盟)		县(旗)	
学 校		班 级		学 号	IC卡号
姓 名		性 别		民 族	出生年月

项目 \ 年级 成绩				
身高				
体重				
台阶试验*				
1000米跑(男)*				
800米跑(女)*				
肺活量				
50米跑*				
立定跳远*				
坐位体前屈*				
仰卧起坐(女)*				
握力*				
学年得分				
评价等级				
体育教师签字				
班主任签字				

注:1.带*号为选测项目,根据《标准》的要求进行选测。
   2.评价等级栏内按照"优秀"、"良好"、"及格"、"不及格"填写。

学校签章:

附表4 《学生体质健康标准》(试行方案)登记卡(大学)

省(自治区、直辖市)		地(市、区、盟)		县(旗)	
学 校		班 级		学 号		IC卡号	
姓 名		性 别		民 族		出生年月	

成绩\年级\项目			
身高			
体重			
台阶试验*			
1000米跑(男)*			
800米跑(女)*			
肺活量			
50米跑*			
立定跳远*			
坐位体前屈*			
仰卧起坐(女)*			
握力*			
学年得分			
评价等级			
体育教师签字			
班主任签字			

注:1.带*号为选测项目,根据《标准》的要求进行选测。
   2.评价等级栏内按照"优秀"、"良好"、"及格"、"不及格"填写。

学校签章:

附表5 免予执行《学生体质健康标准》(试行方案)申请表

姓 名		性 别		出生年月	
班 级			家长签字		
原 因					
医院证明					
班主任签字			体育教师签字		
学校审批意见					

注:本表一式二份,一份放入学生档案,一份报上级教育主管部门备案。
高等学校家长签字栏可由学生本人签。